*Mon affaire avec Monseigneur l'Archevêque de Québec,*
*au sujet de mes Comptes avec les établissemens*
*de son Diocèse.*

L'affaire est, en elle même, fort simple : la voici dans toute sa
simplicité.

Monseigneur l'Archevêque de Québec prétend et soutient qu'il y a
des erreurs dans mes comptes avec les établissemens de son diocèse.

Je demande qu'il m'indique ces erreurs.

Il ne veut pas me les indiquer.

A-t-il raison de ne vouloir pas me les indiquer ?

Ai-je tort de vouloir qu'il me les indique.

Monseigneur l'Archevêque veut que je termine mes Comptes avec
ces erreurs, quelque nombreuses, quelque énormes qu'elles soient,
quelque dommage qu'en souffrent les établissemens de son diocèse.

Et moi, je ne veux terminer mes Comptes que quand Monseigneur
l'Archevêque reconnoîtra qu'il ne s'y trouve point d'erreurs.

A-t-il raison ? . . . Ai-je tort ?

Pourquoi donc Monseigneur l'Archevêque refuse-t-il de m'indiquer
les erreurs qu'il a trouvées dans mes comptes ?

Pourquoi donc veut-il que je termine mes Comptes avec ces
erreurs ?

C'est un secret qu'il ne veut pas dire, et que je ne dois pas ré-
véler ; mais que révélera l'histoire de ce qui s'est passé entre Sa
Grandeur et moi.

*Histoire de mon affaire avec Monseigneur l'Archevêque*
*de Québec.*

Dans la dernière guerre entre l'Angleterre et la France, le gouver-
nement Français confisqua, comme propriétés anglaises, les rentes qu'avaient en France les établissemens catholiques du Canada, colonie anglaise ; mais, à la paix de 1814, il s'engagea à
les restituer.

En 1815 je vins du Canada en France, muni de pouvoirs pour réclamer les rentes des établissemens de Montréal, et je les réclamai dès que je fus arrivé à Paris ; je réclamai en même tems
les rentes de ceux des établissemens de Québec dont je trouvai
les titres ; et en 1823, ayant trové les titres des Ursulines et
de l'Evêché, je réclamai aussi leurs rentes.

J'ai travaillé pendant plus de dix ans au recouvrement de ces différentes rentes ; et je les ai recouvrées, mais avec des peines
incroyables, et sans honoraires, sans aucun émolument, sans
aucune rétribution quelconque : mais j'en ai été bien dédom-

2

magé par le bonheur que j'ai eu de procurer aux établissemens
du Diocèse de Québec près de deux millions de francs.

Mais . . . O ingratitude ! Tandis que je rendais à l'église du Canada cet important service, ou plus-tôt, pendant que le lui ren-
daient par moi, les prêtres du Séminaire de Saint Sulpice de
Montréal, dont je suis membre, Monseigneur l'Archevêque de
Québec travaillait sourdement à leur enlever leur Séminaire, com-
il avait enlevé aux prêtres du Séminaire des Missions Etrangères
de Paris, leur Séminaire de Québec.

Il mettait tout en œuvre pour empêcher les Sulpiciens de Montréal
de faire venir de France d'autres Sulpiciens, afin qu'à mesure
qu'ils mourraient, il leur substituât des prêtres du pays, comme
il avait fait au Séminaire de Québec.

*Il faut*, écrivit-il, un jour, au Supérieur du Séminaire de Montréal ; *il faut, que votre Séminaire devienne tout Canadien.*

Après que cette naïveté loi fut échapée, il n'y eut plus à douter
de son dessein ; le besoin de s'y opposer fut vivement senti ; et
ce besoin devint urgent quand l'Archevêque voulut s'emparer de
la cure de Montréal, qui avait été donnée au Séminaire par un
des premiers Evêques de Québec (1), et que tous ses successeurs
lui avaient confirmée.

Je fus alors envoyé à Rome pour implorer la protection du St.
Siége. Cette démarche réussit : le Séminaire fut maintenu dans
la possession de sa cure ; et le Pape fit écrire à l'Archevêque
qu'il s'intéressait beaucoup aux Sulpiciens de Montréal, et qu'il
les lui recommandait d'une manière toute particulière.

A cette puissante recommandation l'Archevêque cessa de les vexer,
mais il ne renonça pas au projet de les empêcher de faire venir de France d'autres Sulpiciens, qui pussent leur succéder.
Pour que ce projet peut être exécuté, si non de son vivant, au
moins après sa mort, il demanda pour coadjuteur Mr. l'Abbé
Turgeon, un des prêtres les plus opposés aux Sulpiciens du
Seminaire de Montréal. Comme je connaissais ce prêtre et ses
dispositions hostiles, je demandai et j'obtins que sa nomination
fût suspendue.

Je m'attirai par là son animosité et celle de l'Archevêque ; ils
éclatèrent en murmures contre moi, ils se livrèrent à toutes
sortes de conjectures, en firent part à leurs amis, leurs amis
en parlèrent entre eux, les journalistes s'emparèrent de ces conjectures, les travestirent en faits ; et, pendant plusieurs semai-
nes, ils entretinrent le Public de mes intrigues, disaient ils, auprès
de l'ambassadeur de France, et auprès de la cour de Rome.

Pour trionpher de mes prétendues intrigues, Monseigneur l'Archevêque envoya à Rome Mons. Maguire, prêtre de Québec, à

(1) *Mons. de la Croix de St. Valier.*

qui, pour lui attirer plus de considération, il donna des lettres de grand Vicaire.

Ce prêtre était un ennemi juré des Sulpiciens de Montréal.

*On les jetera tous dans le fleuve*, me dit il, *si Monsieur Turgeon n'est pas nommé Coadjuteur.*

A cette menace, je fremis d'horreur, et je courus me jeter aux pieds du Sainte Père, lui disant que je me désistais de mon opposition, et que je le suppliais de n'y avoir aucun égard ... Mais, me dit Sa Saintété, ce Turgeon est il digne de l'épiscopat?.... je lui repondis que je ne connaissais rien en lui qui l'en rendît indigne, que même je ne connaissais aucun prêtre Canadien plus capable que lui, et que je ne m'étais opposé à sa nomination que parcqu'il voulait empêcher les Sulpiciens de Montréal de faire venir de France d'autres Sulpiciens qui peussent leur succéder. Eh bien ! répliqua le Pape, il sera coadjuteur, mais il ne vous empêchera pas de faire venir des Sulpiciens de France : j'y mettrai ordre ... Et en effét SA SAINTETE y à mis ordre. Elle a érigé Montréal en Evêché, et, par là, Elle a soustrait le Séminaire de Montréal à la jurisdiction de l'Archevêque de Québec.

Ici finissent pour le Séminaire de Montréal, et commencent pour moi les vexations de Monseigneur l'Archevêque de Québec.

Le prêtre qu'il avait envoyé à Rome pour solliciter la nomination de Mr. Turgeon à la coadiutorerie de Québec, avait été chargé, par les établissemens de Québec, de terminer leurs Comptes avec moi. Au lieu de les terminer, il prétendit les régler, et les régler selon ses idées : il me fit changer et rechanger plusieurs fois mes Comptes, me chicana pendant plus de trois mois, et finit par me menacer de me poursuivre en justice, si je ne me pliais pas à ses volontés.

Ne pouvant pas le faire, je lui dis que c'était dans l'espérance de terminer mes Comptes, que j'y avais fait les changemens qu'il m'avait prescrits, maisque, me voyant menacé d'être poursuivi en justice, j'allais rétablir mes Comptes sur leurs pièces justificatives, et en envoyer le précis à Québec.

Si vous le faites, me dit il, *je renverserai tous vos Comptes*, dès que j'y serai arrivé . . . je lui proposai alors un arbitrage, il l'accepta ; et, dès la première séance que nous tinmes, il m'accabla d'injures. Comme je ne lui repondis que par mes larmes, les arbitres en furent extrèmement touchés, et me témoignèrent beaucoup d'intérêt.

Nous nous réunimes le lendemain pour une seconde Séance, mais elle n'eut pas lieu ; il dit que, pour des raisons à lui connues, il ne voulait plus d'arbitrage ; je priai les arbitres de m'en donner une attestation ; ils m'en donnèrent une, et je l'envoyai à

4

Québec, avec le précis de ma reddition de Comptes. ( voyez le Précis de ma reddition de Comptes N. 1. )

Lorsque Monseigneur l'Archevêque de Québec eut reçu ce précis, il le fit examiner par un Comité composé de son coadjuteur et de trois prêtres des plus distingués du Clergé.

Ce Comité, après avoir examiné et confronté le précis avec des notes en 33 pages in folio par les quelles Mr. Maguire renversait tous mes Comptes, déclara que le précis contenait de nombreuses erreurs qui affectaient d'une manière tres-grave les intéréts de tous les établissemens dont j'avais fait les affaires; que je supposais avoir déposé chez mon Banquier Fr. 30,660 de plus que je n'y avais jamais déposé; et que je paraissais avoir donné, sur la Caisse des réclamations, pour plus de 26,000 Fr. de mandats à des personnes aux quelles je ne devais rien.

Non seulement il le déclara mais il en donna une attestation solemnelle, qu'il envoya à Londres et à Rome. ( Voyez l'Attestation N. 2. )

Elle y fut envoyée dans un esprit évidemment hostille : car ni Londres ni Rome n'avaient rien à voir dans mes Comptes avec les établissemens du Canada. Si le Comité avait trouvé des erreurs dans mes Comptes, il devait me le dire, et ne le dire qu'à moi, qui étais le seul qui pusse les corriger : il devait faire comme font les gens de bonne foi, lorsqu'ils trouvent des erreurs dans les comptes qu'on leur envoie : il devait me les indiquer pour que je les corrigeasse . . . s'il voulait que Londres et Rome connussent les erreurs qu'il avait trouvées dans mes Comptes, il devait les leur indiquer, et les indiquer distinctement, et clairement ; et ne pas se contenter de dire vaguement que les faits sont patens, que le précis est là pour les attester, et que les preuves en sont mathématiques.

Il parâit que le Comité employa ces grands mots pour jeter de la poudre aux yeux aux religieuses du Canada, à qui il vouloit faire voir dans mes Comptes des erreurs qu'elles n'y voyaient pas.

Quoique ces grands mots ne fissent sur moi aucune impression, je revisai néamoins le précis de ma reddition de Comptes ; je n'y trouvai point d'erreurs, et mon computiste, qui le revisa après moi, n'y en trouva poaint non plus.

Je l'écrivis à Monseigneur l'Archevêque de Québec, à son coadjuteur et à son Comitié, les priant de me dire quelles étaient et où étaient, dans le précis de ma reddition de Comptes, les erreurs qu'ils y avaient trouvées. S'ils avaient agi avec la même simplicité que moi, ils me les auraient indiqueés, mais ils n'en firent rien, ils ne daiguerent même pas me répondre.

Je leur écrivis une seconde fois, et, ne recevant point de réponse je pris le parti de me justifier ; je le fis en plusieurs lettres, que je leur envoyai, ainsi qu'à tous les établissemens dont j'avais fait les affaires.

Les établissemans de Montréal me répondirent qu'ils ne trouvaient aucun erreur dans mes Comptes, que mes Comptes étaient d'accord avec les leurs, et que je m'étais parfaitement justifié des erreurs qui m'étaient imputées

Monseigneur l'Archevêque de Québec ayant eu connaissance de la réponse que m'avaient faite les établissemens de Montréal, fit tout son possible pour les engager à s'unir à lui contre moi. Il pria Monseigneur l'Evêque de Montréal, et son Coadjuteur de tâcher de le leur persuader, mais les bonnes religieuses répondirent qu'elles ne le faraient jamais, que jamais elles ne se tourneraient contre leur bienfaiteur, et elles le dirent, en fondant en larmes.

Les réligieuses de Québec m'écrivirent que leurs Comptes étaient parfaitement d'accord avec les miens, mais que, de pauvres filles n'entendant rien aux affaires, elles étaient obligées de s'en rapporter au Comité qui avait examiné mes Comptes.

" Elles ont promis l'obéissance à leurs Supérieurs, elles sont obli-
,, gées d'obéir, m'écrivit, à ce sujet, un des directeurs du Sémi-
,, naire de Québec. ,,

Ce même Directeur m'écrivit que ni l'Archevêque, ni le Coadjuteur, ni le Comité ne voulaient me repondre. Cela m'engagea à leur faire de nouvelles instances, je les priai, je les conjurai plusieurs fois d'avoir la bonté ou de m'indiquer les erreurs qu'ils voyaient dans le précis de reddition de comptes, ou de me dire qu'ils n'y en voyaient plus depuis les éclareissemens que je leur avais donnés dans la justification que je leur avais envoyée, je n'obtins ni l'un ni l'autre.

Voyant l'inutilité de mes instances par lettres, j'employai l'entremise de l'Avocat qu'avait à Québec le Seminaire de Montréal, mais cela ne servit qu'à donner à Monseigneur l'Archevêque de Quebec l'occasion de me décrier auprès de lui. Il lui écrivit . . . .
" qu'il se trouvait dans ma Caisse un *deficit* que je ne pourrais
,, jamais remplir . . . qu'il était un de ceux qui connaissent
,, mon manque total de responsabilité . . . que je suis un pro-
,, cureur en faillite . . . que je suis comptable envers mes Com-
,, mettans pour des Sommes considérables, que je ne rembourse-
,, rai jamais . . . que je suis dans l'impossibilité de leur rendre
,, Compte des sommes que mon manque d'expérience en affai-
,, res, et même mon imprudence leur fait perdre . . . et qu'ils
,, sont disposés à faire des sacrifices pour me tirer de l'embar-
,, ras où me met l'impossibilité où je suis de leur rendre Compte. ,,

Lorsque l'avocat m'eut envoyé copie de ses lettres, je fis l'inventaire de ma caisse, pour voir au juste en quel état elle était . . . Bien loin d'y trouver un *deficit* j'y trouvai un surcroit de plus de cent

6

mille francs, qui étaient le fruit de mon industrie a faire valoir
les fonds, quand je n'avais pas pu les faire passer en Canada.

J'en envoyai le relevé à l'avocat, l'avocat le remit à l'Archevêque,
et l'Archevêque n'y trouva rien qui ne fut fort exact. A la vue
de cet état de ma Caisse, il aurait dû me témoigner du regret
de ce qu'il avait écrit contre moi . . . Il fit tout le contraire : il
m'outragea dans mon honneur: je reçu une lettre qui me disait,
au nom de tous mes Commettans, de *mettre la main sur la conscience pour affirmer si ce que je leur avois donné étoit bien
tout ce que j'avois reçu pour eux*, et tout ce que je leur devais *ex justitiâ*.

Je fus extrèmement sensibile à cette outrageante interpellation, je
relus toutes les lettres que j'avais écrites pour ma justification,
afin de voir si je n'y troverais point quelque expression équi-
voque ou louche qui pût y avoir donné lieu. Mais je n'y trouvai rien qui ne respirât que simplicité et droiture.

Cela me rassura, mais je voulais convaincre l'Archevêque et ceux
à qui il avait inspiré ses soupçons sur ma probité, entre autres, le Supérieur et les directeurs du Séminaire de Québec, qui
me traitaient *d'Agent frauduleux*, et dont un m'avait écrit de
me hâter d'en finir, si je ne voulois pas voir *ma réputation à
vau l'eau tant en Canada qu'à Rome*.

Pour les convaincre qu'il n'y avait point de fraudes dans mes Comptes, je leur envoyai le résumé des lettres que j'avais écrites pour
ma justification, et je le leur envoyai imprimé, et adressé à
Monseig. l'Archevêque de Québec; mais Sa Grandeur n'y eut
aucun égard : Elle persista à soutenir qu'il y a de nombreuses
erreurs dans mes Comptes, à ne vouloir pas me les indiquer,
et à exiger que je termine mes Comptes avec ces erreurs. ( Voyez le resumé de ma justification N. 3. )

Ne pouvant pas me résoudre à terminer mes Comptes avec la
supposition qu'ils contiennent des erreurs, et des erreurs nombreuses, des errreurs énormes, qui affectent les intérêts de tous
les établissemens dont j'ai fait les affaires, et qui les affectent
d'une manière très-grave, et si grave que deux de ces erreurs
se montent, seules, à plus de 56,000 Fr., ne pouvant pas me
résoudre à passer pour avoir fait dans me Comptes des erreurs
frauduleuses, des erreurs qui me déshonoreraient, qui déshonoreraient ma famille, qui déshonoreraient le Séminaire de Montréal dont je suis membre, qui déshonoreraient la Compagnie de
St. Sulpice, à la quelle j'ai l'honneur d'appartenir, ne pouvant
pas m'y résoudre, je fis un dernier effort ; j'eus recours à Monseigneur le Cardinal Préfet de la S. C. de la Propagande, je sup-
pliai son Eminence de vouloir bien écrir à Monseig. l'Archevêque
de Québec pour lui recommander de m'indiquer les erreurs que
son Comité à déclaré avoir trouvées dans le précis de ma red-

dition de Comptes. Son Eminence eut la complaisance de le faire.
( voyéz la lettre qu'elle lui écrivit. Lettre de S. Em. à Monseig.
l'Archevêque de Québec N. 4. )
Dans cette lettre Son Eminence recommande instamment à Monseigneur l'Archevêque de m'indiquer les erreurs qu'il a trouvées
dans mes Comptes, et lui dit jusqu'à deux fois que la demande
que je lui en fais est très-juste.
Or cette demande que son Eminence trouvait très-juste, Monseig.
l'Archevêque de Québec osa lui répondre qu'elle est injuste. ( il
faut être bien aveuglé par la passion pour se persuader que
celui qu'on accuse d'avoir fait des erreurs dans ses Comptes,
et qui demande qu'on les lui indique, fait une demande injuste. )
( Il est bien étonnant, que quand un Cardinal dit d'une chose
qu'elle est très-juste, on se permette de lui dire tout crûment
qu'elle est injuste. )
A cette étonnante réponse, que, par respect pour le caractère
Episcopal, je m'abstiens de qualifier, Monsig. l'Archevêque de
Québec ajouta qu'il allait me poursuivre en justice ; et, à pein
sa lettre fut elle arrivée à la Propagande, que sa menace fut exécutée, et executée par un protestant. Mons. Freeborn, consul
Anglais à Rome, fut chargé de l'éxécution. Un notaire, accompagné de deux recors, vint me signifier, de sa part, la revocation de mes pouvnirs, et la sommation de rendre mes Comptes.
Après cette sommation, je devais être traduit devant le tribunal civil, au nom de Monseig. l'Archevêque de Québec. Mais, ayant
apparemmant fait réflexion qu'en donnant un pareil scandal dans
Rome, il se couvrirait de honte, il jugea qu'il lui serait moins honteux de porter sa cause au tribunal de la Sacrée Congrégation de
la Propagande. Mais, ne voulant pas s'adresser au Gard. Préfet,
parcequ'il l'avait grièvement offensé, en rejetant sa demande, et
surtout parcequ'il ne pouvait pas tromper Son Em., qui, connaissait le sujet de notre contestation, il s'adressa au Secrétaire
général, Monseig. Cadolini, qui, ne le connaissant pas du tout,
pouvait être facilement trompé ; et, profitant, pour cela, de
l'occasion de Monseig. l'Evêque de Montréal, qui allait à Rome,
il le chargea de faire à S. Excellence un faux exposé de notre
contestation ; et, comme il savait que le bon Evêque n'était
pas homme à faire sciemment un faux exposé, au lieu de lui
dire avec simplicité que notre contestation consiste en ce que
je demande qu'il m'indique les erreurs qu'il dit y avoir dans le
précis de ma reddition de Comptes, et qu'il ne veut pas me
les indiquer, il lui dit, avec astuce, que j'ai envoyé aux Communautés du Canada deux dèfférens comptes : l'un en 1834, sous
le nom de *précis de ma reddition de Comptes*, et l'autre en 1838,
sous le nom de *dernière analyse de ma reddition de Comptes* „

8

que les Communautés de Québec ont réclamé contre mon précis, parcequ'elles y trouvaient des erreurs qui compromettaient
gravement leurs intérêts, mais qu'elles admettent ma dernière
analyse parceque j'y fais un partage qui ne ressemble pas à celui de mon précis ; qu'elles me conjurent d'en finir avec elles, et
que je refuse de le faire &c. &c. ( voyez la lettre de Monseigneur
l'Evêque de Montréal a Monseig. Cadolini N. 5. )

Ce faux exposé, qui change entièrement le sujet de notre contestation, l'Archevêque le termina. en recommandant à l'Evêque
de demander qu'il me soit enjoint de *montrer qu'il n'y a point
d'erreurs dans mon précis* . . . Demande artificeuse par la quelle
Monseig. l'Archevêque prend ma place, et me met à la sienne ...
Dans la contestation, c'est moi qui suis le demandeur, et dans
l'exposé, je ne le suis plus : ce n'est plus moi qui demande : je
ne demande plus que Monseig. l'Archevêque m'indique les erreurs
qu'il dit y avoir dans mon précis : c'est lui qui est le demandeur : il demande que je montre qu'il n'y à point d'erreurs dans
mon précis. Est-il possible de changer une question d'nne manière plus hardie et plus évidente ! Le bon Evêque, qui ne pouvait pas s'imaginer que son Archevêque le trompait, et voulait
se servir de sa bonne foi pour tromper la S. C. de la Propagande,
crut bonnement ce que lui disait l'Archevêque ; et, à son arrivée
à Rome, il le répéta fidélement à Monseig. Cadolini, et il le fit
d'un air si convaincu, et d'un ton si convainquant, qu'il fit
passer sa conviction toute entière dans l'âme de S. Excellence,
qui, ne connaissant notre contestation que par l'exposé qui lui
en était fait, jugea, et dût juger que, niant qu'il y eût des erreurs dans mon précis, je devais montrer qu'il n'y en a point.
En conséquetce S. Ex. me fit venir à la Propagande, me dit de
montrer qu'il n'y a point d'erreurs dans mes Comptes, et me
mena tout-de-suite à la Computisterie pour les faire examiuer ...
Le premier Computiste ne s'y trouvant pas, S. Ex. me dit de les
faire examiner par Monseig. Corboli, l'un des Consulteurs de
la S. C.

J'aurais pu, et peut-être dû ne pas lui donner cette peine, ma
contestation avec Monseig. l'Archevêque de Québec supposant
qu'il y à des erreurs dans le précis de ma reddition de Comptes,
puis que S. G. prétend qu'il y en a, et que je demande qu'elle
me les indique ; mais, me fesat un devoir d'obéir a Monseig. le
Secrétaire de la S. C., je postai mes Comptes au Consulteur que
S. Ex. avait commis pour les examiner ; et, sûr qu'il n'y trou-
verait aucune des erreurs que m'impute Monseig. l'Archevêque,
je me flattais que le témoignage qu'il en rendrait détromperait
S. Ex.; et que Son Excellence détrompée, reconnâitrait que, si Monseig. l'Archevêque de Québec soutient qu'il y a des erreurs dans

le précis de ma reddition de Comptes, c'est a S. G. de me les indiquer, et non pas à moi de montrer qu'il n'y en a point.

Mais, ayant soumis mes Comptes à l'examen, il faut que j'en subissé les rigueurs, et que je donne toutes les explications et tous les éclaircissemens qui peuvent être requis; je vais le faire dans une discussion raisonnée du précis de ma reddition de Comptes.

### Discussion du précis de ma reddition de Comptes.

Dans le précis de ma reddition de Comptes il y a deux parties bien distinctes .... et bien distinguées l'une de l'autre dans le tableau synoptique qui est à la fin (voyez ce tableau N. 1.)

La première partie y occupe les premier colonnes; et est, à proprement parler, mon *Compte rendu.*

La seconde partie y occupe les dernières colonnes, et est le partage des fonds que j'ai envoyés aux établissemens, et que les établissemens ont, en commun, dans leur Caisses, et dans la faillite Morlands.

Dans la première partie je rends Compte de ce que j'ai reçu pour les rentes de tous les établissemens; et j'assigne à chaque établissement ce qui lui en revient, au prorata de ses rentes.... Et c'est incntestablement en cela, et uniquement en cela que consiste, et que peut consister ma reddition de Comptes, de sorte que, si l'on ne trouve point d'erreurs dans cette première partie, il faut nécessairement convenir qu'il n'y a point d'erreurs dans mon Compte rendu.

Or, tous les établissemens ne trouvent aucune erreur dans cette 1. partie... Tous reconnaissent que je n'ai reçu pour leurr rentes que ce que j'y dis avoir reçu: savoir la somme de F.1, 766,512.63 et chaque établissement reconnaît qu'il ne lui revient de cette somme que ce que je lui en assigne dans cette première partie.

Par exemple: le Séminaire de Québec reconnaît qu'il ne lui en revient que Fr. 142,911. 11.

L'Hotel Dieu reconnaît qu'il ne lui en revient que fr. 131,220.46.

Et ainsi de tous les autres établissemens.

Aucun d'eux n'a réclamé, aucun ne reclamc ni contre les sommes partielles, ni contre les totatux, ni contre la somme des totaux: ils n'y trouvent donc point d'erreures.

Monseig. l'Archevêque n'y en trouve point non plus; mais il dit en général que les erreurs qu'il m'impute sont dans mon précis.

Or, il y a dans mon precis deux parties; je viens de faire voir qu'il n'y a point d'erreurs dans la première; je vais faire voir qu'il n'y en a point dans la seconde. Et je n'ai besoin pour cela que de mettre les deux grands totaux de la seconde partie sons le grand total de la première.

*Totaux de la première et de la seconde partie du précis.*

Tous les établissemens reconnaissent que je n'ai reçu
pour leur rentes que . . . . F. 1,766,512.63
que je leur ai envoyé cette somme, et qu'il en a
été mis en commun, dans toutes leurs Caisses F. 1,582,642.23
et dans la faillite Morlands . . . . 183,870.40

Les deux sommes totales de la seconde partie font ensemble la somme totale de la première partie; il n'y a point d'erreurs dans la
première partie ... il n'y a donc point d'erreurs dans la seconde ...
il n'y donc point d'erreurs dans mon précis.
Mais Monseig. l'Archevêque s'obstine à soutenir qu'il y en a ....
Puisqu'il s'obstine à soutenir qu'il y a des erreurs dans mon
précis, je persiste à demander qu'il dise quelles sont et où sont
dans mon précis les erreurs qu'il soutient y avoir.
En attendant qu'il le dise, je vais faire voir que lui-même, dit
implicitement qu'il n'y a point d'erreurs dans mon compte rendu:
car il m'a fait écrire par Mr. Holmes, qu'il admet ma dernière
analyse; et il a dit à Monseig. l'Evêque de Montréal, qui me
l'a répété plusieurs fois, qu'il admet l'analyse parcequ'elle ne
contient point d'erreurs ( voyez l'Analyse n. 6. )
Or, mon compte rendu est dans l'analyse tel qu'il est dans le précis .... il occupe les premières colonnes dans l'analyse comme il
les occupe dans le tableau synoptique du précis: c'est exactement le même compte dans l'une et dans l'autre: ce sont exactement les mêmes sommes partielles, et les mêmes totaux: en
un mot mon compte rendu est exactement le même dans le précis
que dans l'analyse, comme on le voit, en comparant les premières colonnes de l'analyse avec les premières colonnes du tableau
synoptique du précis ( N. 1. ) Puisque mon compte rendu ne
contient point d'erreurs dans l'analyse, il n'en contient donc point
dans le précis: Monseig. l'Archevêque dit donc implicitement,
lui-même, qu'il n'y a point d'erreurs dans mon compte rendu.
A cet aveu précieux vient se joindre un autre aveu de même genre,
mais plus précieux encore, parcequ'il s'étend au précis tout entier: c'est l'aveu que fait le Comité dans la lettre de Monseig.
l'Evêque de Montréal à Monseig. Cadolini ( voyez cette lettre
N. 5.) Le Comité y dit formellement que la seule inspection du
précis et de l'analyse suffit pour prouver qu'il *y a eu* de nombreuses erreurs dans le précis.
Or, dire explicitement *qu'il y a eu des erreurs* dans le précis c'est
dire implicitement qu'il n'y en a plus.
Le Comité dit donc implicitement qu'il ne trouve point d'erreurs
dans le précis, depuis les éclaircissemens que je lui ai donnés dans
l'analyse.

Et cet avu du Comité est encore confirmé par un autre aveu de Monseig. l'Archevêque, lui-même, qui, par la bouche de Monseig. l'Evêque de Montréal, a dit plusieurs fois à Monseig. Cadolini et à moi que mon analyse est admise, et qu'elle est admise, parcequ'elle ne contient pas les erreurs que le Comité a trouvées dans mon précis : qu'elle ne les contient pas, parceque je les y ai corrigées, en *fesant un partage qui ne ressemble pas à celui de mon précis.* ( Voyez la Lettre N. 4. )

Or, dire que dans mon analyse j'ai corrigé les erreurs que le Comité a trouvés dans mon précis, c'est dire implicitement qu'il n'y a plus dans mon précis les erreurs que la Comité y a trouvées.

Monseig. l'Archevêque de Québec et son Comité disent donc implicitement qu'ils ne trouvent plus d'erreurr dans mon précis, depuis les eclaircissemens que je lui ai donnés dans mon analyse.

Ayant fait part des ces raisonnemens à Monseig. l'Evêque de Montréal, et S. G. les ayant trouvés justes, je lui dis que, cela étant, nous pouvions facilement terminer notre contestation. Comment cela ? me dit-il ... je vais y penser, lui répondis je, et je vous le dirai demain ; et le lendemain je lui dis ... vous me direz, au nom de Monseig. l'Archevêque de Quebec, " que le Comité a ,, trouvé des erreurs dans mes Comptes tant qu'il n'a pu en ju- ,, ger que par le précis que je lui en ai envoyé en 1834, mais ,, qu'il n'y en trouve plus depuis que je lui en ai envoyé l'ana- ,, lyse en 1837. ,,

Vous me direz cela par écrit, et Monseig. l'Archevêque de Québec le ratifiera.

Je puis bien le dire de vive voix, me répondit Monseig. l'Evêque de Montréal, mais mes instructions ne me permettent pas de le dire par écrit.

Eh bien ! lui repliquai-je, la S. C. de la Propagande jugera notre contestation.

Après que je lui eus dit cela, je cherchai quelle pouvait être la raison pour la quelle Monseig. l'Archevêque lui avait défendu de reconnaître par écrit que le Comité ne troove plus d'erreurs dans mes Comptes, depuis que je lui en ai envoyé l'analyse.

La seule raison que j'en aie trouvée, c'est que S. G. prétend toujours que j'ai fait dans mes comptes les erreurs qu'elle m'impute, et qu'elle soutient que je les ai corrigées dans mon analyse, dans la quelle elle dit que je fais un partage qui ne ressemble pas à celui de mon précis.

Le partage qui dans mon analyse ne ressemble pas à celui de mon précis, est le partage des fonds que les établissemens avaient, en commun dans leur caisses, dans la faillite Morlands et dans l'arriéré ... j'ai eu la complaisance de faire ce partage pour eux, parceque des communautés religieuses, dispersées dans différentes

villes , auraient été forte embarassées pour le faire. Mais ce partage est dans leurs Comptes , et non pas dans les miens.

S'il s'y trouvait des erreurs, ces erreurs n'étaient pas dans mes
comptes avec les établissemens : elles étaient dans les comptes
des établissemens entre eux. Si Monseig. l'Archevêque jugeait à
propos de les avertir de ces erreurs, il devait donc leur dire qu'elles étaient dans leurs comptes , et non pas qu'elles étaient dans
les miens : Sa Grandeur les a donc trompés , en leur écrivant
que j'ai fait des erreurs dans mes comptes avec eux.

Si ces erreurs étaient réelles , elles viendraient de ce que j'aurais
donné *trop* aux uns , et *pas assez* aux autres ; et elles ne pour-
raient affecter les intérêts que de ceux des établissemens aux
quels je n'aurais pas *donné assez* : Monseig. l'Archevêque les a
donc trompés , et doublement trompés en leur attestant que dans
tous mes comptes avec eux j'ai fait de nombreuses erreurs qui
affectent , d'une manière très-grave , *les intérets de tous les établissemens.*

Il est vrai qu'il a dit à Monseig. l'Evêque de Montréat que j'ai corrigé ces erreurs dans mon analyse ; et en cela il l'a aussi trompé,
et doublement trompé , et parcequ'il lui a donné à entendre que
j'ai fait des erreurs dans mon précis , et parcequ'il lui a fait
accroire que j'ai corrigé ces erreurs dans mon analyse. Et Monseig. l'Evêque de Montréal , doublement trompé , a aussi doublement trompé Monseig. Cadolini , mais je vais les détromper ;
en leur découvraut le déguisement et la ruse que Monseigneur
l'Archeveque a employés pour les tromper.

Pour mieux les tromper , il a dérobé à leur connaissance tout ce
qui est à mon avantage dans ma reddition de Comptes ; et ce
qu'il n'a pas pû leur cacher , il l'a déguisé , défiguré , alteré ,
pour me donner de l'odieux.

Cela m'oblige de faire l'histoire de ma reddition de Comptes. La
voici.

En 1827 je reçus à Londres, le reste des fonds que la Commission
Anglaise avait adjugés aux établissemens pour leurs rentes ; j'en
informai tout-de-suite Monseigneur l'Archevêque de Québec , et
j'écrivis à tous les établissemens de terminer leurs comptes courants avec moi , afin que je leur envoyâsse le reste des fonds ,
et que je leur rendisse compte de tout ce que j'avais reçu pour
toutes leurs rentes ; et je leur annonçais , en même tems , que,
par mon industrie à faire valoir leurs fonds , quand je n'avais
pas pu les leur faire passer, j'avais obtenu un surcroit de produit considérable , et que je me proposais de le partager entre
eux , en toute équité et justice.

En 1830 n'ayant pas encore reçu tous leurs comptes courants , et
voyant se préparer la révolution de Juillet, je fis passer de Paris à Londres 400,000 Fr. avec ordre au banquier d'en envoyer

à Québec 12,000 piastres , par mois , et je ne gardai chez moi
qu'une petite partie du surcroit de produit pour payer les dépenses que j'aurais encore à faire: de sorte que, avant 1831 j'avais
envoyé aux établissemens tout ce que j'avais reçu pour leurs rentes , et même plus que je n'avais reçu.

Lorsque j'eus fait cet envoi , je pris des précautions pourque ce qui
restait de fonds chez moi , ne put pas , en cas de mort , passer à ma famille ; j'ajoutai , pour cela à mon testament un codicille par le quelle je déclarais que l'argent qui était chez moi , ap-
partennait aux établissemens catholiques du Canada ; et j'envoyai
une copie de ce codicille à Monseig. l'Archevêque de Québec.

En suite je me mis à dresser ma reddition de comptes , pour l'envoyer aux établissemens aussitôt que leur comptes courants me
seraient parvenus ... je la dressai de la manière la plus simple , a-
fin qu'il n'y eût point de religieuse qui ne pût l'entendre.

J'y disais tout simplement combien j'avais reçu pour les rentes de
tous les établissemens , et combien il en revenait à chaque établissement , au prorata de ses rentes .... Et j'avvertissais que
j'avais defalqué de la recette toutes les dépenses de réclamation
et de liquidation, et que, d'après l'avis d'une personne fort en-
tendue dans ces sortes d'affaires , je les avais défalquées à raison
de 5 pour 100.

Je n'envoyai cette reddition de Comptes qu'en 1832 , parceque ,
je ne reçus les comptes courants qu'en 1822 , encore ne les re-
çus-je pas tous, parceque Monseig. l'Archevêque , qui disait que
je traitais les établissemens de Montréal plus favorablement que
les autres , inspirait aux établissemens de Québec de la difiance
contre moi , et que ces établissemens différaient toujours de m'envoyer leurs comptes , et qu'ils vouloient que Mr. Maguire , qui
devait aller à Rome , me les portât , et les terminât avec moi.

Il arriva , sur ces entrefaites , que deux des établissemens , au
lieu d'encaisser les derniers fonds que je leur envoyais , donnèrent des traites sur mon banquier , pour gagner , au profit de
tous les établissemens la prime que gagnaîent les négocians de
Québec. Lorsque les traites arrivèrent à Londres, le baquier avait
fait faillite ; et sa faillite fut grossie des traites des deux établissemens.

Les deux établissemens m'informèrent de l'accident , et m'envoyèrent un état des traites et des frais.

En considérant que cet accident était arrivé par une spéculation,
faîte dans le but de gagner pour tous les établissemens une prime de 8 ou 9 pour 100, je supposai que tous les établissemens
consentiraient sans peine que les traites engagées dans la faillite
fussent mises sur leur compte ; et que la perte qui en resulterait fût répartie entre eux tous , à raison de ce qui avait été
déposé de ꝉeurs fonds chez le banquier avant sa faillite.

D

Pour que cette perte diminuât moins les fonds que j'avais reçus pour eux, je les augmentai, en diminuant de 2 pour 100. les dépenses de réclamation, et de liquidation, que j'en avais défalquées. De 5 pour 100 qu'elles étaient, je les réduisis à 3 pour 100 : ce que je pouvais faire bien aisement : le surcroît de produit étant plus que suffisant pour payer même toutes les dépenses.

Par cette diminution des dépenses que j'avais défalquées de la recette, la recette se trouva augmentée : je me trouvai avoir reçu pour les rentes de tous les établissemens la somme de fr. 1,766,512.63 c. Et pour assigner à chaque établissemens ce qui lui revenait de cette somme, il me fallut faire de nouveaux calculs, et par consequent une seconde reddition de comptes.

Je la fis sur le modèle de la première, et elle n'en diffère qu'en ce que j'y donne à chaque établissement un peu plus que dans la première.

Quand je fis cette seconde reddition de comptes j'avais envoyé aux établissemens tout ce que j'avais reçu, pour leurs rentes, et de plus une grande partie du surcroît deproduit.

Si tous ces fonds avaient été mis dans les Caisses, chaque établissement y aurait pris ce qui lui en revenait, et toutes nos affaires auraient été finies. Mais il en fut engagé une partie dans la faillite Morlands. Par cet accident les fonds se trouvaient divisés en deux, et chaque établissement ne pouvait plus en avoir alors que ce qui lui revenait de ce qu'il en avait dans les Caisses.

Pour savoir combien il revenait à chaque établissemens de ce qu'il y avait dans les Caisses, il fallait faire de nombreux calculs, que des communautés religieuses n'étaient pas en état de faire ; je les fis pour elles, et je trouvai combien chaque établissement, avait dans les Caisses, et dans la faillite ; j'en fis le relevé, et je le joignis à ma reddition de comptes, et en 1834 j'envoyai le tout aux établissemens, sous le nom de précis de ma reddition de Comptes ( N. 1. )

Ce précis est terminé par un tableau synoptique dans le quel on voit, d'un coup d'œil : ma reddition de comptes, d'un côté ; et de l'autre, le partage des fonds des établissemens ; et le tableau est suivi d'une note sur le surcroit de produit.

En 1835, ayant appris que quelques unes des sommes que j'avais envoyées aux établissemens, ne leur avaient pas été remises, j'en fis le relevé ; je fis en même tems le relevé des dépenses qui avaient été faites à Londres, au sujet de la faillite ; j'ajoutai ces dépenses aux fonds qui y étaient engagés ; et pour les sommes qui n'avaient pas été remises aux établissemens je fis un article additionnel sous le nom *d'arriéré*, et je l'ajoutai au précis. Ces changemens augmentèrent les fonds engagés dans la faillite, et diminuèrent les fonds qui étaient dans les Caisses ; je fis, à cette occasion, un nouveau partage des fonds, et je l'envoyai aux établissemens en 1836 (voyez ce nouveau partage N. 7.)

Il y a à la fin de ce partage un tableau synoptique, comme à la fin du précis N. 1. Dans le précis et dans le partage la partie du tableau où est ma reddition de comptes, est exactement la même, parceque, quand je fis le partage, je n'avais rien à changer à ce que je dis dans le précis, avoir reçu pour les établissemens.

Mais dans le partage, la partie du tableau où sont les fonds que j'avais envoyés aux établissemens n'est point la même que dans le précis; parceque je fus obligé d'y faire deux changemens; l'un pour les dépenses faites à Londres au sujet de la faillite, et l'autre pour les fonds restés arriérés, dans les mains de quelques Canadiens, ce qui fait que dans le partage il y a quatre colonns, qui contiennent: la première les fonds que j'ai reçus pour les établissemens; et les trois autres les fonds que je leur ai envoyés, et qui sont dans la faillite, dans l'arriéré et dans les Caisses.

Ce partage peut être considéré comme une troisième reddition de Comptes. J'en envoyai une quatrième en 1837, sous le nom de dernière analyse de ma reddition de Comptes. ( Voyez cette dernière Analyse N. 6.)

Cette dernière analyse est un troisième tableau synoptique, semblable, dans sa forme, au tableau synoptique du précis; et à celui du partage, dans le nombre de ses colonnes.

Dans ce troisième tableau il y a quatre colonnes, comme dans le second. La première colonne représente, comme dans le premier et le second tableau, les fonds que j'ai reçus pour tous les établissemens, et ce qu'il en revient à chaque établissement.

Le trois autres colonnes représentent les fonds que j'ai envoyés aux établissemeus, et les divisions et partages qui en ont été faits.

Les fonds que j'ai envoyés aux établissemens, sont divisés en deux dans le premier tableau, et en trois dans les deux autres tableaux.

Les fonds qui sont dans les caisses et dans l'arriéré sont partagés, de la même manière dans les trois tableaux, mais les fonds qui sont dans la faillite ne sont point partagés de la même manière dans le précis et dans l'analyse et en voici la raison.

Dans le précis j'ai fait le partage en toute rigueur: je l'ai fait à raison des fonds que j'avais déposés chez le banquier qui a fait faillite, j'y avais déposé tous les fonds des Ursulines et de l'Evêché de Québec, et je n'y avais déposé que le quart des fonds des autres établissemens. Les fonds des autres établissemens étaient fort considérables: ils se moutaient à plus d'un million et demi...

16

Et ceux des Ursulines et de l'Evêche, ne se montaient pas à deux cens mille francs ...

Les Ursulines et l'Evêché n'avaient que peu de rentes, et les autres établissemens en avaient beaucoup. Par exemple, l'Evêché de Québec n'en avait qu'une ... Et l'Hotel-Dieu de Montréal en avait 36 ... La plus part des établissemens avaient fait leur réclamations en tems utile, et y avaient considérablement gagné ... Les Ursulines et l'Evêché n'avaient fait leurs réclamations que fort long tems après, et y avaient considérablement perdu ..., Aux Ursulines et à l'Evêché il ne revenait rien du tout des cent mille francs du surcroit du produit, qui revenait tout entier aux autres établissemens.

De sorte que les Ursulines et l'Evêché n'avaient aucun avantage, et se trouvaient dans la faillite à raison de tous leurs fonds, tandis que les autes etablissemens n'y étaient que pour le quart de leurs fonds.

En fesant ces réflexions, je fus touché de compassion pour les Ursulines et pour l'Evêché, et il me vint dans la pensée que les autres établissemens devaient en être touchés comme moi, et ne devaient pas exiger que le fonds engagés dans la faillite fussent partagés en toute rigueur, au grand détriment des Ursulis et de l'Evêché ; mais qu'ils devaient trouver bon qu'au lieu de les partager à raison des fonds que j'avais déposés chez le Banquier, je les partageasse à raison des fonds que j'avais reçus pour les rentes de tous les etablissemens, afin que la perte qui resulterait de la faillite fût également supportée par tous les établissemens.

Je ne doutai pas qu'ils n'y consentissent, vu qu'en me chargeant de faire leurs réclamations je leur avais manifesté l'intention formelle de partager également entre eux les profits et les pertes ... j'étais bien sûr du consentement des établissemens de Montréal, mais je ne l'étais point de celui des établissemens de Québec, que Monseig. l'Archevêque avait indisposés contre moi ; je ne pus m'en assurer qu'en 1837, lorsque Mr. Holmes, directeur du Séminaire de Québec, vint à Rome. Dès qu'il m'en eut assuré, je dérogeai au partage que j'avais fait à raison des fonds que j'avais déposés chez le banquier, et je le fis à raison des fonds que j'avais reçus pour les rentes, et je l'envoyai aux établissemens sous le nom de dernière analyse de ma reddition de Comptes.

Eh bien! ce partage, qui est tout à l'avantage de Monseigneur l'Archevêque, ce partage, qui diminue de plus de 15,000 Fr. les fonds qu'il avait dans la faillite, ce partage, dont il aurait dû me savoir gré, et me faire des remercîmens, il a eu l'ingratitude de le tourner contre moi, pour soutenir que j'ai fait dans mon précis les erreurs qu'il m'impute, il a fait accroir à Mon-

seig. l'Evêque de Montréal que mon précis et mon analyse sont
deux comptes, il lui a fait remarquer que le partage que j'ai fait
dans mon analyse ne ressemble pas à celui que j'ai fait dans
mon précis ; mais, voulant le tromper, il s'est bien gardé de lui
faire remarquer que dans le précis, et dans l'analyse il y a deux
partages : le partage de fonds que j'ai reçus pour les rentes, et
le partage des fonds engagés dans la faillite. Voulant le tromper,
il s'est bien gardé de lui faire remarquer que le partage des fonds
que j'ai reçus est le même dans le précis et dans l'analyse, où il
occupe la première colonne ; et que le partage, qui, dans l'analyse, ne ressemble pas à celui du précis, est le partage des fonds
engagés dans la faillite ; et que les fonds engagés dans la faillite
n'ont aucun rapport avec les fonds que j'ai reçus ; et que c'est
dans les fonds que j'ai reçus, et non pas dans les fonds engagés
dans la faillite, que consiste ma reddition de comptes.

Voulant le tromper, il a eu soin de lui cacher que Mr. Holmes lui
a dit que c'est d'apres son avis que j'ai fait dans l'analyse un
nouveau partage des fonds engagés dans la faillite, et que je l'ai
fait pour partager également entre tous les établissemens la perte
qui resulterait de la faillite.

Il le lui a caché pour lui donner à entendre, et lui faire dire à la
Propagande que j'ai fait ce second partage pour corriger les erreurs du premier. Il le lui a caché parcequ'il voulait abuser de
la bonne foi de ce bon Evêque, pour lui faire dire à Monseig.
Cadolini que " les communautés de Québec qui avaient cru de-
„ voir réclamer contre mon précis, parcequ'elles y trouvaient
„ des erreurs qui compromettaient gravement leurs intérêts, ac-
„ ceptent, sans restriction, ma derniére analyse, dans laquelle
„ je fais, dit-il, un partage, qui ne ressemble pas à celui de
„ mon précis. „

Et le bon Evêque l'a dit bonnement, parcequ'il ne savait pas que
ces mêmes communautés m'ont écrit plusieurs fois qu'elles ne
trouvent point d'erreurs dans mes comptes, mais qu'elles sont
obligées de s'en rapporter au Comité que leur Evêque a nommé
pour examiner mes comptes.

Et ici je ne dois pas omettre de faire remarquer l'adresse de cet Archevêque rusé. Ce n'est plus lui qui m'accuse, c'est le bon Evêque de Montréal ; et qui m'accuse en son propre et privé nom,
au lieu de le faire de la part de l'Archevêque. L'Aschevêque s'est
déchargé sur lui du rôte odieux d'accusateur, et le bon Evêque
a eu la simplicité de s'en charger, quoique absolument étranger
à mon affaire avec l'Archevêque .... L'Archevêque lui a dit contre moi des choses fausses, et il a eu la simplicité de les répéter
sans savoir si j'en étais coupable.

L'Archevêque a eu encore la ruse de mettre à sa place les Communautés de Québec : ce sont elles qui se plaignent. Elle me re-

présentent, à son instigation, comme un injuste détenteur de leurs fonds, et disent de moi tout ce qui peut faire oublier les preuves de probité, de désintéressement et de délicatesse que j'ai données dans mon codicille, dans ma gestion sans honoraires pendant plus de dix ans, et dans le surcroit de produit de plus de cent mille fr. que je veux distribuer aux établissemens comme je l'ai annoncé à la fin du précis de ma reddition de Comptes. N°. 1.

Je ne sais pas si ces ruses de Monseig. l'Archevêque de Québec lui ont paru innocentes; mais en voici une, si toute fois ce n'est qu'une ruse, qui est bien loin de paraître innocente. C'est qu'il m'accuse de supposer avoir déposé chez mon Baquier 30,660 fr. de plus que je n'y ai jamais déposé. (Voyez son attestation N.2.)

Pour me trouver coupable de cette fraude, il a évalué à fr. 23. 70 c. $\frac{10}{27}$ la livre, les livres Stg. que j'ai déposées chez mon banquier à 25 fr. la livre. Par cette évaluation infime, il a diminué de 30,660 fr. la valeur des livres stg. que j'ai déposées; et, au lieu d'avouer que, par son évaluation inférieure à la mienne, il a diminué la valeur de mes livres stg., il a attesté que je suppose avoir déposé 30,660 fr. de plus que je n'ai déposé.

Aveuglé par la passion qui le tyrannise, il n'a pas vu que, pour que je supposasse avoir déposé 30,600 fr. de plus que je n'ai déposé, il faudrait que j'eusse déposé à fr. 23,70 $\frac{10}{27}$ la livre, les livres sterling que j'ai dit avoir déposées à 25 fr. la livre, comme je les avais reçues de la Commission Anglaise .... il n'a pas vu que ce n'est pas moi qui suppose avoir déposé 30,660 fr. de plusque je n'ai déposé, mais que c'est lui qui le suppose, par son évaluation inférieure à la mienne.

Cette somme est donc à retirer des erreurs que m'impute Monseig. l'Archevêque de Québec.

Le voilà donc atteint et convaincu de m'avoir imputé faussement une erreur énorme que je n'ai point commise.

Il en est de même des 26,000 fr. de mandats qu'il m'a accusé d'avoir donnés à des personnes aux quelles je ne devais rien. Les personnes lui ont dit, a lui-même, qu'elles ne les avaient pas reçus.

Ainsi, de toutes les erreurs que m'a imputées Monseig. l'Archevêque de Québec, il n'y en a pas une qui soit fondée, pas une qui ne porte à faux ... pas une dont l'imputation ne tourne à sa honte.

Toutes ces erreurs qu'il a vues dans le précis de ma reddition de comptes n'existent que dans son imagination ... Ce sont autant de fantômes que lui fait voir son imagination blessée et profondement troublée par le chagrin que je lui ai causé, en fesant échouer son projet d'empêcher les Sulpiciens du Seminaire de

Montréal de faire venir de france d'autres Sulpiciens qui pussent
leur succéder.

Puisse la S. C. calmer, par son jugement, l'imagination fougueuse
de cet Evêque Canadien, et l'amener à reconnaître qu'il n'y a
dans mes comptes aucune des erreurs qu'il a cru y voir.. que je
ne suis ni un agent frauduleux, ni un procureur en faillite ....
que je n'ai fait aucun tort aux établissemens de son diocèse ....
que bien loin de leur faire perdre, comme il l'a cru, des sommes
considérables, j'ai en reserve une centaine de mille francs ; que
je veux leur distribuer, et terminer par là la gestion de leurs affaires en Europe, où je les ai faites, depuis 1815, sans vouloir
accepter les honoraires qu'ils se sont fait un devoir de m'offrir.

P. S. Je présume que Monseig. l'Archevêque de Québec dit, dans
son mémoire, que je suis un injuste détenteur des fons des établissemens de son diocèse, qu'il demande que je m'en vide les
mains, et que je termine mes comptes.

Je réponds à cela que je ne suis point détenteur de leurs fonds, que
je leur ai envoyé tout ce que j'ai reçu pour eux, et même plus
que je n'ai reçu, comme le prouvent les lettres, les reconnais-
sances, les reçus et les comptes qu'ils m'ont envoyés, et que
j'ai dans mes cartons. Maisque j'ai un surcroît de produit de
plus de cent mille francs, qui sont le fruit de mon industrie à
faire valoir leurs fonds, et que je leur ai écrit plusieurs fois que
je veux le leur distribuer, en toute équité et justice, mais
j'ajoute que je ne le leur distribuerai, .... et que je ne termine-
rai mes comptes avec eux, que quand Monseig. l'Archevêque
m'aura écrit qu'il reconnaît que je n'ai point fait d'erreurs dans
le précis de ma reddition de comptes, ou que, s'il soutient encore que j'y en ai fait, il me les indique distinctement et clairement, comme le lui a racommandé Son Eminence le Cardinal
Préfet de la S. C. de la Propagande.

Second P.S. Je m'attends encore que Monseig. l'Archevêque dira que
je prélève une pension sur les fonds que j'ai entre les mains ; et
il le dira, sachant bien que c'est faux : car lorsqu'il m'a écrit
cela, je lui ai répondu que ce n'est pas une pension que je
prélève, mais que ce sont les dépenses qu'il m'occasionne par
les chicanes qu'il me fait, depuis que j'ai fait échouer son projet
d'empêcher les Sulpiciens de Montréal de faire venir d'autres Sulpiciens de France, afin qu'à mesure qu'ils mourraient, il leur
substituât des prêtres du pays, et s'emparât ainsi de leur Séminaire et de leurs biens, et parût ne le faire que par nécessité.

*Exposé succinct des erreurs commises par Mr. l'Abbé Thavenet dans les comptes présentés à ses commettans, et des difficultés qui s'en sont suivies.*

## NOTE PRÉLIMINAIRE.

Pour éviter une discussion inutile, et surtont le désagrément de mettre au jour les difficultés suscitées par Mr. l'Abbé Thavenet, tant au Vénérable Evêque de Québec, défunt ( Mr. B. C. Panet) qu'à ses autres commettans, dès les premières années de sa gestion, on se barnora à rapporter aussi brièvement que possible, ce qui s'est passé depuis l'année 1834. époque où Mr. Maguire, Vicaire Général de l'Evêque de Québec, fut chargé par les établissemens de Québec et des Trois-Rivières, de régler, à Rome, leurs comptes avec leur agent (Mr. Thavenet). On s'abstiendra même de rapporter ce qui se passa à Rome, au sujet de ces comptes, pendant le séjour qu'y fit Mr. Maguire. Toutefois, on ne doit pas omettre d'attester que les procédés de ce dernier, pour n'avoir pas été conformes aux vûes de Mr. Thavenet, n'en ont pas moins mérité l'approbation de tous ses commettans de Québec et des Trois-Rivières.

Le 24. Août 1834. Mr. Thavenet transmit aux établissemens envers lesquels il était comptable, le partage suivant des sommes qu'il avait touchées pour eux, lequel exprimait ce qu'il croyait alors devoir allouer à chacun de ces établissemens savoir :

| | |
|---|---:|
| au *Séminaire de Québec* | Fr. 131,942. 58 c. |
| à l'Hotel-Dieu de Qnébec | 121,149. 20 |
| à l'Hopital Géneral de Québec. | 124,650. 48 |
| à l'Hotel-Dieu de Montréal | 717,207. 45 |
| à l'Hopital Genéral de Montréal. | 150,449. 28 |
| à la Congrégation de Montréal. | 202,678. 76 |
| à l'Evêqué de Québec | 50,217. 10 |
| aux Ursulines de Québec. | 48,549. 11 |
| aux Ursulines de Trois Rivières | 28,657. 89 |
| à la Congrégation de Montréal. | 7,095. 38 |

Tel est le partage (appelé par Mr. Thavenet *précis de sa reddition de comptes*), que Mr. Maguire n'avait pas cru devoir admettre, parcequ'il ne le trouvait par juste, non plus que l'évaluation que faisait Mr. Thavenet de la livre sterling, dans le transport au Canada des sommes touchées à Paris et à Londres. Néanmoins, Mr. Maguire, ne vaulant point que sa mission à Rome fut en pure parte en ce qui concernait cette reddition de comptes, avait écrit au Canada, pour se fair autoriser à accepter les comptes tels que Mr. Thavenet semblait persister à voulair les rendre ; mais, cette autorisation lui étant parvenue, Mr. Thavenet ne voulut plus les rendre, comme il est aisé de le voir par la correspondance qu'il eut alors, avec Mr. Maguire.

Avant de parler des procédés de Mr. Thavenet, depuis l'envoi du partage dout on vient de donner le tableau, il ne sera pas inutile de dire, qu'à plusieurs reprises Mr. Demers, Supérieur du Séminaire de Québec, appuryé de l'opinion de plusieurs habiles financiers, a tenté sans succès toutfois, de convaincre ce Monsieur de son erreur sur l'évaluation de la livre sterling ; mais on ne doit pas manquer d'ajouter que le même Mr. Demers, dans la crainte de mettre le moindre obstacle à la reddition des comptes de Mr. Thavenet, n'a pas cessé de lui dire depuis plusieurs années, comme l'ont fait tous les autres commettans, *qu'on s'en rapportait à lui sur cette évaluation.* Les lettres que Mr. Thavenet a en main sont une preuve patente de cette assertion.

Mr. Thavenet ayant signifié à tous ses commettans, au moyen d'une *attestation* datée de Rome le 1. Novembre 1834, et d'une circulaire du 2. Mai 1835. que Mr. Maguire avait refusé de terminer leurs comptes avec lui, ce dernier, à son retour en Canada, demanda que ces comptes fussent examinés, et l'Evêque de Sidyme, Mr. le grand Vicaire Demers, Mr. Parant, procureur du Séminaire de Québec, et Mr. Desjardins aumônier des Dames Religieuses de l'Hôtel-Dieu de Québec, sur la demande qui leur en fut faite par les établissemens intéressés, consentirent à faire cet examen.

Le partage, tel que fait par Mr. Thavenet et tel que rapporté plus haut, fut jugé erroné, reufermant autant d'erreurs que d'articles, de *nombreuses erreurs,* par conséquent, et qui affectaient les intérêts de tous les établissemens, envers lesquels Mr. Thavenet était comptable. Cette opinion fut rédigée sous forme d'*attestation,* datée du 30. Juillet 1835, et transmise, comme elle le devait être, pour la justification de Mr. Maguire, à tous ceux auxquels Mr. Thavenet avait adressé son Attestation, ainsi que sa circulaire.

Il ne pent être hors de propos que l'on fasse remarquer, que trois des établissemens de Québec, c'est-à-dire, le Séminaire, l'Hôtel Dieu et l'Hopital Général, loin d'être intéressés au rejet de ce premier partage de Mr. Thavenet, l'étaient, au contraire, à son maintien ; un simple coup d'œil jeté sur le tableau que l'on vient d'en donner, et sur celui qui va suivre, démontrera que le Séminaire seul avait à perdre fr. 5,054. 38. dans ce rejet, ainsi des deux autres établissemens, en proportion. Les deux membres du Séminaire, qui signèrent cette Attestation, n'ayant évidemment agi que par amour de la justice, n'en devaient donc être que plus dignes de la confiance de Mr. Thavenet. Ce Mon-

22

sieur a-t-il jamais fait cette réflexion? S'il ne l'a pas faite, il
ne peut être mauvais qu'on la lui suggère.

Aucun des signataires de cette attestation, du 30 juillet 1835, n'avait
eu en pensée d'imputer à Mr. Thavenet des erreurs volontaires;
néammoins, ce Mr. fut tellement offensé de leur procédé que
depuis il les a constamment menacés de les poursuivre en diffamation; et, s'il a cessé depuis quelque temps de leur écrire
qu'il voulait les citer devant les cours de justice du Canada, ce
n'a été que pour leur intimer, qu'à la suggestion du Souvrain
Pontife; et d'après le conseil de plusieurs Cardinaux, il allait
les pour suivre devant le tribunal de la S. Congrégation de la
Propagande (voir la lettre de Mr. Thavenet à l'Evêque de
Sidyme du 26. Mars 1840.)

Mêmes menaces, et incessantes menaces de poursuites à chacun
de ses commettans avec les quels il a même été plus loin, puisqu'il a retenu un Avocat, qu'il a choisi de préférence par-
mi les membres protestans du Barreau de Québec (plusieurs de
ses lettres en font preuve) et qu'il l'a même mis à l'œuvre
après lui avoir payé une retenue de cent piastres, prises sur les
fonds de ces mêmes commettans, ce dont il informe l'Evêque de
Québec, par une lettre du 25 Février 1838, dans la quelle on
lit ce qui suit " Votre lettre du 5 Janvier ne me permettant
„ pas de douter que vous ne les admettiez (les articles du dé-
„ tail de son compte), j'ai l'honneur de vous envoyer aujour-
„ d'hui le cinquième article. Ce cinquième article, Monseigneur,
„ a besoin d'explication.

„ Quand votre comité a déclaré que mes comptes étoient pleins
„ d'erreurs, j'ai compris que je ne pourrais plus les terminer
„ sans procès, et j'ai cru devoir mettre mes affaires eutre les
„ mains d'un avocat de Québec. M'etant adressé à celui qui passe
„ pour le plus habile, il m'a fallu lui donner cent piastres,
„ rien que pour le retenir. J'entends que cette dépense soit sup-
„ portée par ceux des établissemens qui me l'ont occasionnée,
„ en adhérant à la déclaration du comité, et méprisant les huit
„ lettres que je leur ai écrites pour me justifier. Il faut, par
„ conséquent, Monseigneur, que l'Evêché en paie sa quote-
„ part, qui est de Fr. 84 – 66     .     .     .     .     .     .
„ Je pense, Monseigneur, que vous ne refuserez pas d'admettre
„ ce cinquième article; lorsque vous l'aurez admis, je vous en-
„ verrai le sixième. „

Il est évident que c'est à l'appui de son partage du 24 Août 1834
que Mr. Thavenet écrit et agit comme on vient de le voir; c'est
pour soutenir ce compte de 1834 qu'il s'est choisi uu avocat,
qu'il lui a donné cent piastres de retenue, somme qu'il fait payer
à ses commettans, *parcequ'ils ont adhéré à la déclaration qui*

*censurait ce partage.* C'est le 25 Février 1838 que Mr. Thavenet en agit ainsi, et voilà que quelques jours après, c'est-à-dire,
le 5 Avril suivant, il démontre lui-même, aussi clairement qu'il
est possible de le faire, que cet acte n'est rien moins qu'une
*extorsion.* En effet, c'est le 5 Avril que, reconnoissant pour faux
ce premier partage, il transmet à ses commettans un partage
tout différent ! Un tel procédé serait en vérité incroyable si l'exi-
stence n'en était pas démontrée par des écrits aux quels il est
de toute impossibilité qu'on ne s'en rapporte pas.
Voici ce nouveau partage, daté du 5 Avril 1838, que Mr. Thavenet appelle sa *dernière analyse* :

| | |
|---|---:|
| Au Séminaire de Québec | Fr. 126,888. 20 c. |
| à l'Hotel Dieu de Québec | 116,508. 29 |
| à l'Hopital Général de Québec | 119;875. 42 |
| à l'Hotel Dieu de Montréal | 689,733. 09 |
| à l'Hopital Général de Montréal | 144,685. 97 |
| à la Congrégation de Montréal | 194,914. 67 |
| à l'Evêché de Québec | 65,623. 90 |
| aux Ursulines de Québec | 63,502. 87 |
| aux Ursulines des Trois-Rivières | 37,450. 18 |
| 2. à la Congregat. de Montrtal | 9,272. 16 |

Il est aisé de voir que ce dernier partage est entièrement différent de celui du 24. Août 1834 ; et, supposé qu'il soit correct ;
comme il est raisonnable de le croire, il est aisé aussi de com-
prendre que les signataires de l'attestation du 30. Juillet 1835 ,
en prononçant que le premier *renfermait de nombreuses erreurs*
et que ces erreurs affectaient les intérêts de tous les établissemens aux quels Mr. Thavenet avait à rendre compte, ne se
trompaient pas. Mais, ce qu'il serait bien difficile de concevoir,
si toute la correspondance de Mr. Thavenet n'en était une preuve évidente, c'est que ce Monsieur ait persisté ; depuis l'envoi
de ce dernier partage, à menacer de poursuite en diffamation
ceux qui avaient trouvé dans le premier les mêmes erreurs qu'il
y a évidemment trouvées lui-même. Ce qu'il y a de plus incroyable encore, c'est qu'ayant en main *l'acceptation que tous les
établissemens, sans en excepter un seul, ont faite de ce dernier partage, ou de cette dernière analyse* (acceptation dont il
a accusé réception par plusieurs lettres et, entre autres, par
une du 11. Décembre 1838. à l'Evêque de Québec), *il ait
constamment refusé de rendre son compte final,* toujours sous
ce prétexte, dont ses propres actes demontrent si clairement la
fausseté, *qu'on refuse de lui indiquer les erreurs que l'on a
trouvées dans le précis de sa reddition de comptes* du 24 Août
1834.

Rendons ce fait croyable, quelque inconcevable qu' il soit, en citant les termes dunt se sert Mr. Thavenet, dans une circulaire adressée à ses commettans le 1. Novembre dernier : " Je ,, continuerai à prendre sur vos fonds mille francs par an, jus- ,, qu'à ce qu'il vous plaise de m'indiquer les erreurs que votre ,, Comité a déclaré avoir trouvées dans le *précis* de ma reddi- ,, tion de compte. J'ai mis, pour cela, quinze mille francs à ,, part : en voilà pour quinze ans. Si vous faites traîner vos ,, affaires plus long-temps que cela, mon legataire universel ,, prendra, sur le reste des fonds, de quoi y pourvoir. ,, Il est donc évident qu'au 1. Novembre 1840., Mr. Thavenet défend encore le *précis de sa reddition de comptes*, c'est-à-dire, son partage de 1834. Il est donc évident qu'au 1. Novembre 1840, il vent que ce partage, au quel Il a lui-même renoncé le 25 Février 1838, soit encore regardé comme correct, puisqu'il refuse de rendre ses comptes, précisement *parceque l'on y a trouvé des erreurs quon ne vent pas lui indiquer*, et, qui plus est, il vent qu'on les regarde comme corrects, sons peine de lui payer une pension annuelle de 1000 francs, et sons peine encore d'aller disputer à son légataire universel ( qui apparemment le répsésentera *légalement* après sa mort ) des fonds, à la délivrance des quels *personne ne met aucun obstacle* ! Est-ce manque de droiture chez Mr. Thavenet ? Est-ce aberration ? Ce doit être l'un ou l'autre. Ce qu'il y a de bien certain, c'est que ce n'est là que la répétition des exigences dont il a constamment fatigué ses commettans de Québec et des Trois-Rivières.

Telle est la cause portée par Mr. Thavenet au tsibunal de la S. Congrégation de la Propagande le 24 Avril 1840, ce dont il informe l'Evêque de Sidyme par une letre du 1. Mai, où se lisent les paroles suivantes, *à l'appui d'un état de comptes qu'il a reconnu, par lui-même pour erroné depuis deux ans* : " Le 24 ,, Avril dernier son Eminence, Monseigneur le Cardinal Fransoni, ,, Préfet de la S. Congrégation de la Propagande, a reçu de ma ,, main la supplique par la quelle je demande, qu'il vous soit ,, enjoint de comparoir à son tribunal, pour dire quelles sont ,, et où sont, dans le précis de ma reddition de comptes, les ,, erreurs que vous y avez trouvées, et que Votre Grandeur re- ,, fuse de m'indiquer. Efforçons-nous, Monseigneur, d'éclairer nos ,, juges, afin qu'ils voient si j'ai tort de demander que vous me ,, les indiquiez, pour que je les corrige &c. ,, Or, ces erreurs, résultant, tant du faux principe sur le quel il avait bâsé son premier partage que de l'évaluation qu'il faisait de la livre sterling, lui avaient été très-amplement signalées, et à plusieurs reprises différentes, par Mr. le Supérieur du Séminaire de Québec qui, comme ou l'a déja dit ne cesse depuis long-temps de lui répéter, conjointement avec tous les autres commettans, et pour ne point retarder la reddition des comptes, *qu'on s'en rapporte à lui sur l'évaluation de la livre sterling etc.*

## OBSERVATIONS

*Sur l'exposé des erreurs que Monseigneur l'Archevêque de Québec m'accuse d'avoir commises dans mes comptes avec les établissemens de son diocèse.*

*Nota.* Pour bien juger de ces observations, il faut les lire, ayant sous les yeux, d'abord le tableau Synoptique du précis de ma reddition de comptes, ( N. 1.) et ensuite la dernière analyse. ( N. 6. )

Monseigneur l'Archevêque de Québec dit, dans cet exposé, page 2, que le 24 Août 1834, je transmis aux établissemens de son diocèse un partage des sommes que j'avais touchées pour eux, le quel partage exprimait, ajonte-t-il, ce que je croyais alors devoir allouer à chacun de ces établissemens, savoir

|                                       |               |
| ------------------------------------- | ------------- |
| au Séminaire de Québec                | Fr. 131,942. 58 c. |
| à l'Hotel Dieu de Québec              | 121,149. 20   |
| à l'Hopital Général de Québec         | 124,650. 48   |
| à l'Hotel Dieu de Montréal            | 717,207. 45   |
| à l'Hopital Général de Montréal       | 150,449. 28   |
| à la Congrégation de Montréal         | 202,678. 76   |
| à l'Evêqué de Québec                  | 50,217. 10    |
| aux Ursulines de Québec               | 48,594. 11    |
| anx Ursulines de Trois Rivières       | 28,657. 89    |
| à la Congrégation de Montréal         | 7,095. 38     |

### Première Observation.

Monseigneur l'Archevêque de Québec dit que, le 24 Août 1834, je transmis aux établissemens de son dioces *le partage des sommes que j'avais touchés pour eux.*
Je suis obligé de dire que cela est faux.... Ce que je leur ai envoyé alors est le précis de ma reddition de Comptes.
Monseig. l'Archevêque dit de ce précis que c'est le partage des sommes que j'avais touchées .... Je suis encore obligé de dire que cela est faux. Le précis de ma reddition de Comptes n'est pas un partage : c'est le Sommaire des Comptes que j'ai rendus aux établissemens ; pour s'en convaincre, il ne faut que jeter les yeux sur ce précis ( N. 1. ) Mais il y a dans ce précis plusieurs partages: il y a le partage des sommes que j'ai touchées ; le partage de sommes que j'ai envoyées aux établissemens ; le partage des som-

mes que les établissemens ont engagées dans la faillite Morlands;
et le partage des sommes qu'ils ont mises dans leur Caisses.

Monseigneur l'Archevêque peut dire que ces différens partages se
trouvent dans le précis de ma reddition de comptes, mais il ne
peut pas dire que le précis de ma reddition de comptes soit le
partage des sommes que j'ai touchées pour les établissemens.

Comme le partage des sommes que j'ai toucchées est l'objet de son
exposé ; il devrait dire dans son exposé quel est le montant
des sommes que j'ai touchées, et au dessous du montant des
sommes il devrait mettre le partage que j'en ai fait ; mais, comme il veut tromper, il ne met dans son exposé, ni le montant des sommes que j'ai touchées, ni le partage que j'en ai fait :
il se contente de dire que le partage que j'en ai fait *exprimait
ce que je croyais devoir alluer à chacun des établissemens* :
savoir

au Séminaire de Québec . . . . Fr. 131,942. 58
à l'Hotel-Dieu de Québec . . . . . 121,149. 20

Et ainsi des autres, comme on l'a vu plus aut.

Monseigneur l'Archevêque ne met ici ni le montant des sommes que
j'ai touchées, ni le total de celles qu'il dit que j'ai allouées à
chacun des établissemens, dans le partage que j'ai fait de ces
sommes. Il les cache, afin que, ne pouvant pas les comparer,
on soit obligé de s'en rapporter à lui. Mais on trouve dans le
tableau Synoptique ( N. I. ) de quoi déjouer cette ruse : on y
voit, au haut de la première colonne, la somme de fr. 1,766,512.
63 c., qui est le montant des sommes que j'ai touchées ; et au
haut de le dernière colonne, on voit la somme de fr. 1,582,642.
23 c., qui est le total des sommes que Monseigneur l'Archevêque
dit que j'ai allouées aux etablissemens, dans *le partage que j'ai
fait des sommes que j'ai touchées pour aux.*

Ainsi voilà découvert ce que Monseig. l'Archevêque avait eu la
ruse de cacher,

La découverte de cette ruse conduit tout droit à la connaissance
des fourberies qu'il a faites pour faire accroire que les établissemens n'ont pas reçu de moi tout ce que j'ai reçu pour eux.

Voici la première de ses fourberies.

Lorsqu'il a fait son exposé il avait sous les yeux le tableau synoptique du précis de ma reddition de Comptes ( N. I. ) ; il y a
vu au haut de la première colonne, la somme de Fr. 1,766,513.
63 c. qui est *le montant des sommes que j'ai touchées*, et il a
vu au dessous le partage que j'en ai fait entre tous les établissemens.

Il a vu que cette somme de fr. 1,766,512. 63 c. est le produit de
toutes leurs réclamations, et que, étant le produit de toutes
leurs réclamations, j'ai dû allouer à chacun des établisemens ce
qui était, dans cette somme, le produit de ses réclamations ;

qu'en conséquence j'ai dû allouer au Séminaire de Québec le produit des réclamations du Séminaire de Québec; à l'Hotel-Dieu de Québec, le produit des reclamations de l'Hotel-Dieu de Québec; et ainsi de tous les autres établissemens.

Il a vu qu'ayant cherché et trouvé quel était le prodrit des réclamations de chaque établissement, j'ai alloué.

|  |  |  |
|---|---|---|
| au Séminaire de Québec . . . | Fr. | 142,911. 11 c. |
| à l'Hotel-Dieu de Qnébec . . . | | 131,220. 46 |
| à l'Hopital Géneral de Québec. . . | | 135,012. 79 |
| à l'Hotel-Dieu de Montréal . . | | 776,829. 69 |
| à l'Hopital Genéral de Montréal. . | | 162,956. 31 |
| à la Congrégation de Montréal. . | | 219,527. 67 |
| à l'Evêqué de Québec . . . | | 73,910. 50 |
| aux Ursulines de Québec. . . | | 71,521. 74 |
| aux Ursulines de Trois Rivières . . | | 42,179. 24 |
| à la Congrégation de Montréal. . | | 10,443. 12 |
| | | 1,766,512. 63 |

Monseigneur l'Archevêque a vu tout cela dans la première colonne du tableau synoptique (N. 1.); il a vu que ce partage exprimait clairement *ce que je croyais devoir allouer à chacun des établissemens*; et, voulant mettre dans son exposé *ce que je croyais devoir allouer à chacun des établissemens*, il devait copier cette première colonne pour pouvoir dire avec vérité que le partage que 'ai fait des sommes que j'ai touchées, *exprimait ce que je croyais devoir allouer à chacun des établissemens*.

Or Monseigneur l'Archevêqne n'a pas copié cette première colonne; quoiqu'il l'eût sous les yeux; non seulemente il ne l'a pas copiée, mais il en a détourné ses regards, pour les porter sur la dernière colonne, la copier et la mettre à la place de la première.

Cet dernière colonne contient le montant et le partage des sommes que les établissemens ont mises dans les Caisses, comme l'indique le titre qui est au haut de la colonne: elle ne contient qu'une partie des sommes que j'ai touchée, et précisément parcequ'elle n'en contient qu'une partie, il la met à la place de la psemière, qui les contient toutes .... QUELLE FOURBERIE!

### *Seconde Observation.*

La seconde fourberie que Monseig. l'Archevêque de Québec fait dans son mémoire a pour objet la dernier analyse de ma reddition de comptes (N. 6.) ...

Il en produit la dernière colonne, et dit de cette dernière colonne qu'elle est un nouveau partage que je fais des sommes que j'ai touchées, et que ce nouveau partage est ce que j'ppelle : *dernière analise de ma reddition de comptes.*

Puis il rapporte, page 9, le partage de cette dernièr colonne.

|  |  |
|---|---|
| Au Séminaire de Québec, dit il | Fr. 126,888. 20 c. |
| à l'Hotel-Dieu de Québec, dit il | 116,508. 29 |
| à l'Hopital Général de Québec, dit il | 119;875. 42 |
| à l'Hotel-Dieu de Montréal, dit il | 689,733. 09 |
| à l'Hopital Général de Montréal, dit il | 144,685. 97 |
| à la Congrégation de Montréal, dit il | 194,914. 67 |
| à l'Evéché de Québec, dit il | 65,623. 90 |
| aux Ursulines de Québec, dit il | 63,502. 87 |
| aux Ursulines des Trois-Rivières, dit il | 37,450. 18 |
| 2. à la Congregat. de Montreal, dit il | 9,272. 16 |

Monseig. l'Archevêque dit de ce partage que c'est le partage que j'ai fait *des sommes que j'ai touchées* ... Qu'on jette les yeux sur l'analyse ; on verra que ce partage est dans la dernière colonne, et que le partage que j'ai fait des *sommes que j'ai touchées* est dans la première.

On verra que ce partage est celui des sommes qui sont dans les caisses, et que le partage des sommes que j'ai touchées est le partage du produit des reclamations.

On verra que les sommes qui sont dans la dernière colonne ne sont qu'un partie des sommes que j'ai touchées, et que les sommes que j'ai touchées sont toutes dans la première colonne.

Ou verra que les sommes que j'ai touchées, et que j'ai envoyées aux établitsemens, les établissemens ne les ont pas mises toutes dans leurs Caisses.

On verra qu'ils en ont egagé une partie dans la faillite Morlands, et qu'il en est reté une partie arriérée dans les mains de quelques Canadiens.

On verra que Monseig. l'Archevêque a caché les sommes arriérés et les sommes engagées dans la faillite, et que, s'il ne rapporte que le partage qui est dans la dernière colonne, c'est évidement dans l'intention de tromper ; et sa furberie sautera aux yeux, lorsqu'on verra qu'il dit de ce partage que c'est le partage des sommes que j'ai touchées.

Mais sa furberie ne s'arrête pas là : non seulement il cache les sommes engagées dans la faillite, il cache encore les sommes qui en ont été retirées.

Il a été retiré de la faillite plus de 75000 fr. que les établissemens ont reçus, et dont il a eu sa part .... Et il tait tout cela, et il cache tout cela : Quelle fourberie ! Quelle mauvaise foi !

Et il donne à entendre que je suis l'njuste détenteur de tout cela.

Détenteur de plus de  75,000 fr. retirés de la faillite,
Détenteur de plus de 190,000    engagés dans la faillite,
Détenteur de plus de   5,000    restés arriérés.

Détenteur de plus de 270,000 Fr.

C'est pour cela qu'il ne produit de l'analyse que la dernier colonne ; et qu'il dit fallacieusement que c'est là *ce que j'appèle dernière analyse de ma reddition de comptes.*
Je ne pousserai pas plus loin cette seconde observation : ce que je pourrais y ajouter, je l'ai dit d'avance dans ma première observation, et dans mon mémoire. Mais je reviendrai sur une fourberie que Monseig. l'Archevêque a faite dans son attestation.

### Troisieme observation.

Monseigneur l'Archevêque de Québec ne renouvèle pas dans son mémoire la furberie qu'il a faite dans son attestation, en n'évaluant qu'à fr. 23. 70. $\frac{10}{27}$ la livre, les livres stg. qui m'avaient été délivrées à 25 fr. la livre, par la commission Anglaise, et que j'avais déposées chez mon banquier a 25 fr. la livre, comme je les avais reçues. Mais cette fourberie insigne, qu'il avait faite pour m'accuser de supposer avoir déposé chez mon banquier 30,660 fr. de plus que je n'y avais déposé ; il ne la retracte point, il essaie même de la justifier, par conséquent elle subsiste encore dans tout son entier ; et doit lui être imputée, comme on le voit dans mon mémoire.

### Quatrième et dernière Observation.

En 1835 Monseigneur l'Archevêque de Québec a déclaré et attesté que le précis de ma reddition de comptes contient de nombreuses erreurs qui affectent d'une manière tres-grave les intérêts de tous les établissemens de son diocèse.
Depuis ce tems-là je n'ai pas cessé de demander qu'il m'indiquât ces erreurs ; je n'ai pas pu l'obtenir.
Forcé de répondre à la demande que lui en a faite S. E. Monseig. le Cardinal Préfet de la S. C. de la Propagande, il a fait un long mémoire, non pas pour indiquer ces erreurs, mais pour avoir l'air de les indiquer, sans en indiquer aucune, se flattant de donner le change, en disant que dans le précis et dans l'analyse de ma reddition de comptes j'ai fait un partage qui exprimait ce que je croyais devoir allouer à chacun des établissemens, et que ce partage est, ce que j'appèle précis et analyse de ma

reddition de comptes ; comme si , en disant cela , il indiquait les erreurs qu'il m'impute. Mais cela même est une furberie insigne , comme on l'a vu dans les observations précédeutes. Tout le reste de l'exposé n'est qu'un tissu de fourberies et de mensonges , et un fatras de choses injurieuses qui n'ont aucun rapport aux erreurs qu'il m'impute, mais aux quelles il a recours pour se venger de ce que j'ai fait échouer le projet qu'il avait formé avec son coadjuteur, d'empêcher les Sulpiciens de Montréal de faire veuir de France d'autres Sulpiciens qui pussent leur succéder , afin qu'à mesure qu'ils mourraient, il leur substituât des prêtres du pays , et leur enlevât ainsi leur Séminaire de Montréal , comme son prédecesseur avait enlevé le Séminaire de Québec aux prêtres du Séminaire des Missions etrangères de Paris.

# SOMMARIO

### NUMERO I.

*Précis de la reddition de comptes des rentes que j'ai réclamées en 1815 et en 1823.*

### AVERTISSEMENT

#### Pour l'intelligence de cette reddition de Comptes.

En me chargeant de faire les réclamations des établissemens religieux du Canada, et d'en poursuivre la liquidation, j'ai prétendu le faire gratuitement, mais le faire comme je l'entendrais.

Or j'ai entendu faire et mettre en commun tout ce qui pouvait être fait, et être mis en commun, sous le même rapport : telles que les démarches, les dépenses, les avantages, les désavantages, les pertes, les profits, et tous les fonds, considérés sous le même point de vue.

Je n'ai eu en vue que l'intérêt commun, ne voulant avoir égard ni à la priorité de réclamation, ni à la postériorité de liquidation, ni aux fonds envoyés, ou à envoyer aux divers établissemens.

J'ai voulu être considéré comme receveur général, comme dépositaire responsable, comme propriétaire momentané des fonds que je retirerais de la liquidation, mais avec l'obligation stricte de les partager entre tous les établissemens, au prorata de leurs droits respectifs, et de les leur faire passer, sans en rien retenir pour moi.

Les fons que j'ai envoyés aux divers établissemens, j'ai prétendu les mettre en dépôt dans leurs caisses, comme appartenant à la masse des réclamations, sans que les établissemens dépositaires pussent s'en rien approprier, leur permettant toute fois de s'en servir, sauf à les mettre à ma dispostion, lorsqu'après avoir assigné à chaque établissement ce qui lui reviendrait, je lui écrirais de prendre dans sa caisse ce que je lui aurais assigné, et de donner le reste, s'il y en avait, à celui ou à ceux des autres établissemens que je lui designerais.

*Précis de la reddition de comptes des rentes que j'ai reclamées.*

J'en ai réclamé en 1815 et en 1823.

*Des rentes que j'ai reclamées en 1815.*

Pour les rentes que j'ai reclamées en 1815, avec les arrérages qui en étaient dus, il m'a été adjugé d'autres rentes, avec jouisssance du 22 Mars 1816.

Ces rentes ont formé, entre elles, une rente total de f.    56,130.

Les commissaires ont retenu snr cette rente, une rente de 2 p. ⅔, par conséquent une rente de . . . f.    1,123.

Et, par cette retenue, ils l'ont reduite à une rente de . . . . . . . . . f.    55,007.

Cette rente est restée contse leurs mains depuis le 22 Mars 1816, et ils en ont touché le paiemant à chaque semestre.

Avec le paiement des semestres, ils ont acheté d'antres rentes, qu'ils ont cumulées, et qui ont formé entre elles une rente de . . . . . f.    31,738.

Ces deux rentes réunies ensemble ont formé une rente de . . . . . . . . . f.    86,745.

Cette rente m'a été délivrée par parties depuis le 31 Iuillet 1821 jusqu'au 24 Août 1826, et je l'ai vendue . . . . . . . f.1,630,230. 70

Il faut défalquer de cette somme les dépenses que j'ai faites en commun pour toutes les réclamations de 1815.

Ces dépenses sont évaluées à 3 p. ⅔ et se montent à f.    48,906. 92

Par consequent, defalcation faite des dépenses, le produit des réclamations de 1815 n'est plusque de f.1,581,323. 78

J'ai fait passer à Londres 400,000 fr. dont la commission et le change m'ont couté . . . f    12,865. 75

Il faut encore défalquer cette somme, et, par cette nouvelle défalcation, le produit des réclamations de 1815 se trouve reduit à . . . f.1,568,458. 03

Cette somme est à partager entre les Etablissements pour les quels j'ai réclamé en 1815, savoir, le Seminaire de Québec, l'Hotel-Dieu de Québec, l'Hopital Général de Québec, l'Hotel-Dieu de Montréal, l'Hopital Général de Montréal, et la Congrégation de Montréal.

*Partage du produit net des réclamations de 1815.*

Le partage doit en être fait au prorata de la rente partielle qu'a chaque établissemens dans la rente totale qui m'a été delivrée pour tous.

*Pour les réclamations que j'ai faites en 1815.*

Il m'a été delivré une rente dont le produit cumulé est

| | de | | de |
|---|---|---|---|
| Comme dans cette rente de . . f. 55,007 | | Dans ce produit de f. 1,568,458. 03 | |
| Le Seminaire de Québec a . . . f. 5,012 | | Il a . . . f. 142,911. 11 | |
| L'Hôtel-Dieu de Q. a f. 4,602 | | . . . f. 131,220. 46 | |
| L'Hopital géneral de Q. a . . . f. 4,735 | | . . . f. 135,012. 79 | |
| L'Hôtel-Dieu de Montréal a . . . f. 27,244 | | . . . f. 776,829. 69 | |
| L'Hopital géneral de M. a . . . f. 5,715 | | . . . f. 162,956. 31 | |
| La Congregation de M. a . . . f. 7,699 | | . . . f. 219,527. 67 | |

Car, si la rente totale de fr. 55,007 a produit fr. 1,568,458. 03.c., la rente de fr. 5,012, qui en fait partie, doit avoir produit fr. 142,911. 11. c. et ainsi des autres, parceque, selon la règle de trois, 55,007 : 1,568,458. 03 : 5,012 : 142,911. 11, et ainsi des autres.

*Des rentes que j'ai réclamées en 1823.*

Pour les rentes que j'ai reclamées en 1823, avec les arrévages qui en étaient dus, les Commissaires m'ont adjugé une somme de *Livres Tournois* de L.210,955,16. 8

Cette somme de livres tournois, ils l'ont changée en celle de francs . . . . . F.208,349.

Cette somme de francs, ils l'ont changée en *livres sterling* aux taux de 25 francs la livre, et il en est résulté une somme de . . . L. 8,333,17 stg.

sur cette somme de . . . . L. 8,333-17 stg.

Ils ont prélevé pour leur commission à 2 p. %. . 166.13

Et ils m'ont délivré . . . . . L. 8,167. 4

Pour faire entrer cette somme dans mes comptes

H

qui sont en francs, je l'ai rétablie dans la somme de francs dont les commissaires l'avaient formée. Ils l'avaient formée de 25 fr. la livre, je l'ai changée en francs, à 25 fr. la livre, et j'en ai formé la somme de . . . . . F. 204,180.

Il faut défalquer de cette somme les dépenses que j'ai faites en commun pour toutes les réclamations de 1823.

Ces dépenses sont évaluées à 3 p. % et se montent à . . . . . . . . F. 6,125. 40

Par consequent, défalcation faite des dépenses, le produit des réclamations de 1823 n'est plus que de . . . . . . . . . F.198,054. 60

Cette somme est à partager entre les Etablissemens pour les quels j'ai réclamé en 1823, savoir; l'Evêché de Québec, les Ursulines de Québec, les Ursulines de Trois-Rivières, et la Congregation de Montréal.

*Partage du produit net des réclamations de 1823.*

Le partage doit en être fait au prorata de la somme partielle qu'a chaque établissement dans la somme totale qui m'a été delivrée pour tous.

*Pour les réclamations que j'ai faites en 1823.*

| | | | | Par la defalcation des depenses cette somme a été reduite à |
|---|---|---|---|---|
| Il m'a été délivré une somme de L.8,167. 4 stg., qui, au change de 25 francs la Livre, font . . | F.204,180. | | | F. 198,054. 60 |
| Dans cette somme, et sa réduction | | | | |
| L'Evêché de Québec a . . | F. | 76,196. 40 | | F. 73,910. 50 |
| Les Ursulines de Q. ont . | F. | 73,733. 75 | | 71,521. 74 |
| Les Ursulines de Trois-Rivières ont | F. | 43,483. 75 | | 42,179. 24 |
| La Congregation de Montréal a . | F. | 10,766. 10 | | 10,443. 12 |

Car, si la somme totale de fr. 204,180 a été réduite à fr.198,054. 60 c. La somme de fr. 76, 196. 40 c. qui en fait partie, doit avoir été réduite à fr. 73,910. 50 c. et ainsi des autres parceque, selon la règle de trois, 204,180 : 198,054. 60 : 79,196. 40 : 73,910. 50; et ainsi des autres.

*Produit net des réclamations de 1815, et 1823.*

Le produit net des réclamations de 1815 est de fr. 1,568,458. 03
Et celui des réclamations de 1823 est de   .   fr.   198,054. 60

Par conséquent le produit net des réclamations de
   1815 et 1823 est de   .   .   .   .   .   fr. 1,766,512. 63
J'ai fait passer cette somme aux établissements du
   Canada. Ils l'ont reçue, et m'en ont accusé récé-
   ption, mais tous n'ont pas gardé dans leurs Cais-
   ses tous les fonds que j'y ai fait verser.
Le Séminaire de Québec a engagé dans la faillite
   Morlands livres du Canada   .   .   .   L.   99,703. 2
Et l'Hopital Général de Montréal y a engagé   L.   107,151. 2

Par consequeut ils y ont engagé   .   .   L.   206,854. 4
   qui font fr. 183,870. 40.
Ainsi voila divivisés en deux les fonds que j'ai fait
   passer en Canada pour le produit net des réclamations de 1815 et 1823 ....: J'y ai fait passer fr. 1,766,512. 63

Il y a d'engagé dans la faillite Morlands   .   fr.   183,870. 40
Et il reste dans les Caisses   .   .   .   fr. 1,582,642. 23
Chacune de ces deux sommes doit être partagée en-
   tre les réclamations de 1815 et celles de 1823.

### *Partage de la somme de fr. 183,870. 40.*

#### Qui est dans la faillite Morlands.

Cette somme dnit être partagée entre les réclamations de 1815, et celles de 1823, au prorata de
   ee que j'ai déposé de leurs fonds chez MM. Morlands.
Or, j'y ai déposé tout ce qui m'a été délivré pour
   les réclamations que j'ai faites en 1823 : savoir
   L. 8,167. s. 4 d. stg., qui, au change de 25 francs
   la livre, font   .   .   .   .   .   fr.   204,180.
Et de ce qui m'a été délivré pour les réclamations
   de 1815, j'y ai déposé L. 15,485,07. s. 05 d. stg.
   qui au change de 25 fr. la livre, font   .   fr.   387,134. 26

J'y ai depose en tout la valeur de   .   .   fr.   491,314. 26

| *Des fonds des réclamations de 1815 et 1823.* | *Des fonds que j'ai déposés chez Mr. Morlands* |
|---|---|
| J'ai déposé chez Mr. Morlands, en livres sterling, la valeur de . . . fr.591,314.26 | Il est resté dans leur faillite la valeur de . f.183,870.40 |
| Les réclamations ont dans ce dépot celles de | Et dans la faillite |
| 1815 . . . . . f.387,134.26 | . . . 120,380.28 |
| Et celles de 1823 . . f.204,180. | . . . 63,490.12 |

Car, si de la somme de fr. 592,314. 26, déposée chez Mr. Morlands,
il est resté dans leur faillite fr. 189, 870. 40, de la somme de
fr. 387,134.26 qui en fait partie, il doit y être resté fr. 120,380.28,
et ainsi de l'autre parceque, selon la règle de trois 591,314.26 :
183,870. 40 :: 387,134.26 : 120,380. 28 , et ainsi de l'autre.

*Partage de la somme de fr. 1, 582, 642. 23,*
*qui est dans les Caisses.*

Cette somme doit être partagée entre les réclamations de 1815 et
celles de 1823, au prorata de ce qu'elles ont de leur produit
dans la faillite ; c'est-a-dire que ce qu'elles n'ont pas de leur
produit dans la faillite, elles l'ont dans les caisses.

| Les réclamations de 1815 et 1823 ont | dans le produit net. | dans la faillite. | dans les Caisses. |
|---|---|---|---|
| F. | 1,766,512.63 | 183,870.40 | 1,582,642.23 |
| Savoir les reclamations | | | |
| de 1815 . . . . . . | 1,568,458.03 | 120,380.28 | 1,448,077.75 |
| Et celles de 1823 . . . | 198,054.60 | 63,490.12 | 134,564.48 |

*Partage la somme de fr. 120, 380. 28 ,*

*qu'ont dans la faillite les réclamations de 1815.*

Les réclamations de 1815 sont celles que j'ai faites en 1815 pour
le Séminaire de Québec, l'Hotel-Dieu de Québec l'Hopital général de Q. l'Hotel-Dieu de Montréal l'Hopital général de M. et
la Congregation de M.
Les fonds que ces établissemens ont dans la faillite, doivent leur

être partagés, au prorata de la rente partielle qu'a chaque établissement dans la rente totale qui m'a été delivrée pour toutes leurs réclamations.

*Pour toutes leurs réclamations il m'a été delivré une*
   *rente de* . . . . . . . fr. 55,007.
*Et ils ont dans la faillite une somme de* . fr.120,380.28.

| Comme dans cette rente de . . f. 55,007 | Dans cette somme de . . f.120,380.28 |
|---|---|
| Le Séminaire de Québec, a 5,012 | Il a dans la faillite 10,968.53 |
| l'Hôtel-Dieu de Q. a 4,602 | Il a dans la faillite 10,071.26 |
| L'Hopital général de Q. a 4,735 | Il a dans la faillite 10,362.31 |
| L'Hôtel Dieu de Montréal a 27,244 | Il a dans la faillite 59,622.24 |
| L'Hôpital général de M. a 5,715 | Il a dans la faillite 12,507.03 |
| La Congrégation de M. a 7,699 | Elle a dans la faillite 16,848.91 |

Car, si la rente totale de fr. 55,007, a dans la faillite fr.120, 380. 28 c., la rente de fr. 5,012, qui en fait partie, doit y avoir fr. 10,968. 53 c., et ainsi des autres, parceque, selon la règle de Trois, 55,007 : 120,380. 28 : 5,012 : 10,968. 53, et ainsi des autres.

*———————Partage de la somme de fr. 63,490. 12.*

   *qu'ont dans la faillite les réclamations de 1823.*

Les réclamations de 1823 sont celles que j'ai faites en 1823 pour L'Evêque de Québec, les Ursulines de Trois Rivieres, et la Congrégation de Montréal.

Les fonds que ces établissements ont dans la faillite, doivent leur être partagés, au prorata de la somme partielle qu'a chaque établissement dans la somme totale qui m'à été délivrée pour toutes leurs réclamations.

*Pour toutes leurs réclamation il m'a été delivré une*
   *somme de* . . . . . . . fr.204,180.
*Et ils ont dans la faillite une somme de* . fr. 63,490,12

| Comme dans cette somme de . f.204,180. | Dans cette somme de . . f. 63,490.12 |
|---|---|
| L'Eveché de Québec a 76,196.40 | Il a dans la faillite 23,693.40 |
| Les Ursulines de Q. ont 73,733.75 | Elles ont dans la faillite 22,927.63 |
| Les Ursulines de Trois Rivières ont . . 43,483.75 | Elles ont dans la faillite . . . . . 13,521.35 |
| La Congr. de Montréal à 10,766.10 | Elle a dans la faillite 3,347.74 |

Car, si la somme totale de fr. 204, 180, a dans la faillite f.63,490.
12 c., la somme de fr. 76,196. 40 c. qui en fait partie, doit y
avoir fr. 23,693. 40 c., et ainsi des autres parçeque, selon la règle de trois, 204, 180 : 63,490. 12 :: 76,196. 40 : 23,693. 40, et
ainsi des autres.

*Partage de la somme de fr. 1,448,007. 75.*

*qu'ont dans les Caisses les réclamations de 1815.*

Les réclamatioas de 1815, sont celles que j'ai faites en 1815 pour
le Séminaire de Québec l'Hôtel-Dieu de Q., l'Hopital général de
Q., l'Hotel-Dieu de Montréal, l'Hopital général de M., et la Congregation de M.
Les fonds que ces établissemens ont dans les Caisses doivent leur
être partagés selon ce qu'ils ont dans la faillite ; c'est-à-dire que,
ce qu'ils n'ont pas dans la faillite, ils l'ont dans les Caisses,
comme on le voit dans le tableau suivant.

| Les réclamations de 1815 ont | dans le pro-duit net. | dans la fail-lite. | dans les Cais-ses. |
|---|---|---|---|
| F. | 1,568,458.03 | 120,380.28 | 1,448,077.75 |
| Savoir le Séminaire de Québec . . . fr. | 142,911.11 | 10,968.53 | 131,942.58 |
| l'Hôtel-Dieu de Q. . | 131,220.46 | 10,071.26 | 121,149.20 |
| l'Hopital général de Q. . . . . . . | 135,012.79 | 10,362.31 | 124,650.48 |
| l'Hôtel-Dieu de Mont-réal . . . . . . | 776,829.69 | 59,622.24 | 717,207.45 |
| l'Hopital général de M. . . . . . . | 162,956.31 | 12,507.03 | 150,449,28 |
| La Congregation de M. . . . . . . | 219,527.67 | 16,848.91 | 202,678.76 |

*Partage de la somme de fr. 134, 564. 48.*

*qu'ont dans les Caisses les réclamation de 1823.*

Les réclamation de 1823 sont celles que j'ai faites en 1823, pour
l'Evêché de Québec, les Ursulines de Q., les Ursulines de Trois-
Rivierès, et la Congrégation de Montréal.
Les fonds que ces établissements ont dans les Caisses doivent leur

être partagés selon ce qu'ils ont dans la faillite ; c'est-à-dire que ce qu'ils n'ont pas dans la Faillite , ils l'ont dans les Caisses , comme on le voit dans le tableau suivant.

| Les réclamations de 1823 ont | dans le produit net. | dans la faillite. | dans les Caisses. |
|---|---|---|---|
| F. | 198,054.60 | 63,490.12 | 134,564.48 |
| Savoir l'Evêché de Québec . . . . . . | 73,910.50 | 23,693.40 | 50,217.10 |
| Les Ursulines de Q. . . | 71,521.74 | 22,927.63 | 48,594.11 |
| Celles de Trois-Rivièr. . | 42,179.24 | 13,521.35 | 28,657.89 |
| La Congrégation de M. . | 10,443.12 | 3,347.74 | 7,095.38 |

## TABLEAU SYNOPTIQUE DU PRODUIT NET DES RÉCLAMATIONS.

| | | | | | dans la faillite | et dans les Caisses. |
|---|---|---|---|---|---|---|
| Le produit net des réclamations de 1815., et 1823 ... est de f. | 1,766,512.63 | | | . . . . . . . dont il y a | 183,870.40 | 1,582,642.23 |
| De 1815 . . . . est de | 1,568,458.03 | 1,568,458.03 | | dont il y a | 120,380.28 | 1,448,077.75 |
| De 1823 . . . . est de | 198,054.60 | | 198,054.60 | dont il y a | 63,490.12 | 134,564.48 |
| Du Seminaire de Quebec ... est de . | | 142,911.11 | | dont il y a | 10,968.53 | 131,942.58 |
| De l'Hotel-Dieu de Q. . . . . est de . | | 131,220.46 | | dont il y a | 10,071.26 | 121,149.20 |
| De l'Hopital Général de Q. . . est de . | | 135,012.79 | | dont il y a | 10,362.31 | 124,650.48 |
| De l'Hotel-Dieu de Montréal . est de . | | 776,829.69 | | dont il y a | 59,622.24 | 717,207.45 |
| De l'Hopital général de M. . . est de . | | 162,956.31 | | dont il y a | 12,507.03 | 150,449.28 |
| De la Congrégation de M. . . est de . | | 219,527.67 | | dont il y a | 16,848.91 | 202,678.76 |
| De l'Evêché de Quebec . . . est de . | | | 73,910.50 | dont il y a | 23,693.40 | 50,217.10 |
| Des Ursulines de Q. . . . . est de . | | | 71,521.74 | dont il y a | 22,927.63 | 48,594.11 |
| Des Ursulines de Trois-Rivierès . est de . | | | 42,179.24 | dont il y a | 13,521.35 | 28,657.89 |
| De la Congrégation de Montréal . est de . | | | 10,443.12 | dont il y a | 3,347.74 | 7,095.38 |

## SURCROIT DE PRODUIT

*Pour les réclamations de 1815.*

Les réclamations de 1815 ont produit une rente de 86,745. fr. qui a été vendue fr. 1,630. 230. 70.

Cette rente a été vendue par parties depuis le 14. Août 1821 jusqu'au 16 Avril 1830.

Ce qui en est resté entre mes mains dans cet intervale a produit des semestres, que j'ai touchés, et dont j'ai fait valoir les fonds; et il en est resulté un surcroit de produit, dont je rendrai compte aussitôt que tous les établissemens auront reconnu avoir reçu de moi, tout ce que j'ai reçu pour eux de la Commission qui a liquidé leurs rentes, et lorsqu'ils m'auront rendu le témoignage que je n'ai ni rien retenu, ni rien voulu recevoir pour honoraires d'un travail de plus de dix ans.

J'ai besoin qu'on me rendre ce témoignage, parceque j'appartiens à la Compagnie des Prêtres de St. Sulpice, qui ne vont en Canada, que pour servir gratuitement l'Eglise, et la Colonie.

## NUM. II.

*Traduction de la copie que j'ai remise à Monseig. Corboli.*

### *Attestato.*

Noi sottoscritti, nella nostra qualità menzionata, in fine del presente, dopo avere attentamente letto le osservazioni in 33. pagini *in foglio* del Sig. Marguire sul *Ristretto del Rendimento di Conti* delle Comunità del Canadà, del Sig. Abbate Thavenet, datato da Roma il 24. Agosto 1834. e dopo avere esaminato da noi stessi il detto Ristretto.

Dichiariamo I. Che il detto ristretto contiene molti errori, che ledono gravemente gl'interessi delli 8. stabilimenti di cui il Sig. Maguire era già mandatario, non solo, ma ancora quelli delli 3. appartenenti alle Sig. Religiose di Montreal. E per fornir subito la prova di questa asserzione basta segnalare nel Ristretto gli errori seguenti.

1 Il Sig. Ab. Thavenet ha indirizzata la lira sterlina a 25. franchi di Francia, mentre non vale realmente que f. 23,70$\frac{19}{27}$ d'onde risultano necessariamente degli errori in tutti i suoi Conti.

2 Il Sig. Ab. Thavenet ha indirizzato al Seminario di Quebec dei mandati pagabili a Monsig. de Sedyme ed al Sig. Desjardins sulla Cassa de'reclami del 1815, 26,000 franchi (29,250. lire antico corso del Canadà) di più che riconoscono non essergli dovuti e che rifiutano d'accettare.

3 Il Sig. Ab. Thavenet suppone nel Ristretto aver depositato dai
Banchieri Morlands 30,660. franchi di Francia (34,492. lire antico corso di Canadà) di più che non ha giammai depositato ; egli
fa dunque secondo tale supposizione, una divisione di fondi che
non hanno mai esistito.

Questi fatti sono evidenti, il Ristretto è là per attestarli, le prove
sono mattematiche.

Dichiariamo II. Che il rifiuto del Sig. Marguire di approvare e sanzionare colla sua firma una divisione de'fondi, basata sopra Calcoli errati, di cui il primo resultato sarebbe stato di pregiudicare
sovranamente la giustizia distributiva, gli fa meritare un'approvazione non equivoca de'suoi committenti non che la loro più
sincera gratitudine.

Dichiariamo III. Che la odiosa insinuazione che il Sig. Thavenet
ripete per ottava nelle sue circolari, dirette alle Comunità del
Canadà e secondo la quale il Sig. Maguire avrebbe ingiustamente
rifiutato l'arbitrio dei Sigg. Ab. Trinchant, Jourdan du Pontillac
e Rabaglia, è vittoriosamente confutata nelle osservazioni.

Dichiariamo IV. Che il rifiuto del Sig. Ab. Thavenet di adempiere
ad un'impegno formale assunto nelle sei di lui lettere che abbiamo sotto gli occhi, cioè, di ricevere dal Sig. Marguire *un discarico onorevole, lasciando agli stabilimenti il regolare fra loro
all'amichevole,* merita la dissapprovazione di tutte le Comunità
del Canadà.

Abbiamo risoluto, che delle copie del presente siano, indirizzate alle Communità Religiose del Canadà non che a Roma ai Sigg.
Thavenet, Trinchant, Cav. Drach, Jourdain du Pontillae e Rabaglia.


(firmati) P. F. Turgeon Vescovo di Sedyme, tanto per me, che pel
Vescovo di Quebec, e le Signore Orsoline di Quebec e di Trois-
Rivières di cui sono munito di procura.

Ant. Parant Prete S. S. Q. tanto per il Seminario di Quebec che per
l'Hopital Général de Quebec, di cui sono munito di procura.

Per l'Hotel Dieu di Quebec
Demers P.


L. G. Desjardins P. in mio nome proprio e per i miei affari privati.
15. Settembre 1835.

## NUM. III.

*Résumé de la discussion des erreurs qu'a cru voir dans
mes comptes le Comité qui a été chargé
de les examiner.*

N.B. La discussion a été adressée à Mr. le Supérieur du Séminaire
de Québec.

Le résumé est adressé a Monseigneur l'Evêque.

Monseigneur,

Lorsque j'appris, l'année dernière, que Votre Grandeur avait nommé un Comité pour examiner mes comptes, je me flattai que
ce Comité m'aiderait à les terminer, mais il a fait tout le contraire.

Il a cru y trouver des erreurs; et, au lieu de me les indiquer
pourque je les corrigeasse, il a écrit à toutes les Communautés
du Canada que le précis de ma reddition de Comptes contient
de nombreuses erreurs, et que ces erreurs affectent leurs intérêts d'une manière très-grave; que j'ai évalué la livre sterling
à 25 francs, et qu'il en résulte des erreurs dans tous mes comptes; que j'ai donné pour plus de 26,000 frans de mandats à
des personnes aux quelles je ne devais rien; et que je suppose
avoir déposé chez mon banquier 30,660 francs de plus que je
n'y ai jamais déposé; et il leur en a donné une attestation,
signée de tous les membres du Comité.

Il ne s'en est par tenu là : il a envoyé son attestation à Londres
et à Rome, où il en a été tiré des Copies pour la Propagande,
pour des Cardinaux, et pour plusieurs autes personnes; et cela, sans autre utilité que de flétrir ma réputation.

Me voyant ainsi dénigré, je me suis humilié devant Dieu, et je
l'ai prié de me faire connaître mes erreurs pour les corriger;
dans ce dessein j'ai revisé tous mes comptes. Je les ai revisés,
d'abord seul, et en suite avec mon teneur de livres; nous l'avons
fait avec tout le soin et toute l'attention possible; et, malgré
cela, nous n'y avons trouvé aucune erreur.

Persuadé qu'il n'y en a effectivement aucune, j'ai entrepris de le
prouver, et je l'ai fait dans une discussion, que j'ai adressée à
Monsieur le Supérieur du Seminaire de Quebec, et dont j'ai l'honneur de vous envoyer le resumé ci-joint.

Agréez, je vous prie, l'hommage du profond respect avcc le quel
j'ai l'honneur d'être,

Monseigneur, de Votre Grandeur

Le très-humble et très-obeissant Serviteur.

Le Comité qui a examiné mes comptes a attesté à toutes les Communautés du Canada que, dans le Précis de ma Reddition de Comptes j'ai évalué la livre sterling à 25 francs, et qu'il en résulte des erreurs dans tous mes Comptes.

Qu'on lise, d'un bout à l'autre, le précis de ma reddition de Comptes, on n'y trouvera nulle part que j'aie évalué la livre sterling à 25 francs, mais on verra que ce sont les Commissaires qui l'ont évaluée à ce taux, lorsq'ils ont changé les francs en livres sterling.

Qu'on examine, avec tout le soin possible, tous les endroits où j'ai changé les livres sterling en francs, on n'y trouvera même pas le mot EVALUE, on n'y trouvera que le mot RETABLI et le mot CHANGE ; on verra que, toutes les fois que j'ai en besoin de changer les livres sterling en francs, je les ai, non pas EVALUEES, mais RETABLIES, mais CHANGEES aux taux auquel les Commissaires avaient changé les francs en livres sterling: savoir an taux de 25 francs.

Le Comité a donc attesté comme vraie une chose évidemment fausse.

Je l'excuse de s'être trompé dans l'expression, en disant que j'ai EVALUE la livre sterling à 25 francs, au lieu de dire que je l'ai CHANGEE à 25 francs ; mais je ne vois pas moyen de l'excuser d'avoir ajouté qu'il en résulte des erreurs dans tous mes Comptes.

Car tous mes comptes consistent dans les comptes des réclamations, et dans les Comptes de la faillite.

Or, de ce que j'ai changé la livre sterling à 25 francs, il n'en résulte d'erreur ni dans les Comptes des réclamations, ni dans ceux de la faillite,

Et d'abord il n'en résulte aucune erreur dans les Comptes des réclamations : car les Comptes des réclamations sont ceux des réclamations de 1815, et ceux des réclamations de 1823.

Or, de ce que j'ai changé la livre sterling à 25 francs, il n'en réeulte d'erreur ni dans les Comptes des réclamations de 1815, ni dans ceux des réclamations de 1823.

1. Il n'en résulte aucune erreur dans les Comptes des réclamations de 1815 ; et la raison en est toute simple : c'est-que dans les Comptes des réclamations de 1815 il n'y a que des francs, et point de livres sterling, et que, par conséquent, je n'ai pas pu y changer les livres sterling à 25 francs la livre.

2. De ce que j'ai changé la livre sterling à 25 francs, il n'en résulte aucune erreur dans les Comptes des réclamations de 1823 : car les Comptes des réclamations de 1823 consistent dans les sommes qui m'ont été délivrées pour les rentes que j'ai réclamées

en 1823 : or, pour les rentes que j'ai réclamées en 1823, les commissaires m'ont délivré des livres sterling aux taux de 25 francs la livre.

Ces livres sterling que j'ai reçues pour mes commettans, aux taux de 25 francs la livre, je les ai portées au crédit du Compte de mes commettans, au taux de 25 francs la livre.

On ne peut pas dire que j'aie fait en cela une erreur : un mandataire ne fait pas une erreur en portant au crédit du Compte de ses Commettans les livres sterling au taux au quel il les a reçues pour eux. Il ne ferait une erreur qu'autant qu'il les porterait à une autre taux.

Il est donc évident que je n'ai point fait d'erreur dans les Comptes des réclamations de 1823, lorsque j'ai changé les livres sterling au taux de 25 francs la livre, pour les remettre à mes Commettans au taux au quel je les ai reçues pour enx.

Je n'en ai point fait non plus dans les Comptes de la faillite.

Car les Comptes de la faillite consistent dans les sommes que j'ai déposées chez MM. Morlands.

Or j'y ai déposé deux différentes sommes, provenant, l'une des réclamation de 1823, et l'autre des réclamations de 1815.

La somme qui provient des réclamations de 1823 m'a été délivrée en livres sterling, au taux de 25 francs la livre, et je l'ai déposée, toute entière, chez MM. Morlands, au taux de 25 francs la livre, comme je l'avais reçue.

Il est évident qu'en cela je n'ai point fait d'erreur ; car il ne peut pas y avoir erreur à déposer une somme comme on l'a reçue.

Lorsque je parle de cette somme dans le précis de ma reddition de Comptes, je dis qu'elle est de L. 8,167 : 45 : et qu'au change de 25 francs, elle fait 204,180 fr.

On ne trouvera pas ici la plus legère erreur : il est donc évident que je n'ai point fait d'erreur dans la première somme de la faillite, lorsque j'en ai parlé comme d'une somme reçue, déposée et changée au taux de 25 francs la livre.

Enfin, je n'ai point fait d'erreur non plus dans la somme qui provient des réclamations de 1815.

J'ai fait passer cette somme à MM. Morlands par le Canal de Mr. Lafitte ; et voici comment.

En Avril 1830 je donnai ordre à M. Laffitte de faire verser 400,000 francs chez MM. Morlands ; et M. Laffitte y fit verser la valeur de 400,000 francs en Livres sterling : savoir 300,000 francs au change de fr. 25. 67½, et 100,000 francs au change de francs 25. 65.

Avant de faire ce versement, M. Laffitte préleva ses frais, et réduisit le versement à L. 15,485 : 7 : 5.

Dans le précis de ma reddition de Comptes, je compte cette se—

M

46

conde somme au même taux que la première , afin de facili-
ter les calculs ; et je dis qu'au change de 25 francs,
elle fait    .    .    .    .    .    .    .    fr. 387,134.26
Quant au surplus du change , je le mets avec la Commission ; et je dis qu'ils m'ont coûté    .    .    fr.  12,865.75

Or ces deux sommes réunies font    .    .    .    fr. 400,000.01

Ce centime de plus sur une somme de 400,000 francs , il serait
souverainement ridicul de le réputer une erreur : il n'est que le
résultat de quelques fractions irréductibles.
Je n'ai donc point fait d'erreur dans la somme qui provient des
réclamations de 1815 ; je n'en ai point fait non plus dans celle
qui provient des réclamations de 1823 : je n'ai donc point fait
d'erreur dans les Comptes de la faillite. Je n'eu ai point fait non
plus dans les Comptes des réclamations.
Je n'ai donc fait d'erreur dans aucun de mes Comptes.
J'espère que le Comité le reconnaitra ; qu'il rétractera son attestation ; et qu'il fera tout son possible pour rétablir ma réputation,
qu'il a flétrie en Canada , à Londres et à Rome , en attestant
que dans le précis de ma reddition de Comptes je suppose avoir
déposé chez mon banquier 30,660 francs de plus que je n'y ai
jamais déposé.
Quant aux 26,000 francs de mandats qu'il m'accuse d'avoir donnés
à des personnes aux quelles je ne devais rien ; je suis sûr de
leur en devoir le montant ; et j'ai écrit à Mons. le Supérieur du
Séminaire de Québec de le garder en depôt dans sa Caisse, pour
le leur remettre lorsqu'elles reconnaitront , comme je le connais,
l'état de leur Compte avec moi.

NUM. IV.

*Copia di lettera scritta dalla Sagra Congregazione di Propagan-
da Fide li 2. Maggio 1840. a Monsig. Giuseppe Signay
Arcivescovo di Québec.*

Supplicem libellum Sacra Congregatio accepit a R. D. Thavenet
Presbyter Congregationis S. Sulpitii , in quo iustissima prorsus
petitio continetur. Scilicet cum ille non potuerit adhuc ab am-
plitudine tua accipere explicationem luculentam, in qua tradatur
singillatim qui sint ii graves errores quos irrepsisse dicitur in
chartas rationum ab eo redditarum negotiorum quae ille gessit
ab anno 1815. usque ad annum 1830. Communitatum in Canada
existentium, requirit nunc, ut interveniente saltem Sac. Congregationis auctoritate, ii errores diserte et clare eidem significentur.

Hanc petitionem justissimam esse intelligens eo quod non solum agatur de gravi pecuniae summa cujus legitimae solutionis rationem non reddidisse Dominum Thavenet affirmatur, sed etiam de ejusdem Presbyteri honore, qui in magnum discrimen idcirco adducitur, scribendam Tibi hanc epistolam censui, ut te certiorem facerem Sac. Congregationis mentem esse, memoratum, explicationem D. Thavenet tribui omnino debere.

Quare non dubito Amplitudinem Tuam curaturam esse ut ea explicatio clara ac diserta quam superius significavi, quanto citus fieri poterit Romam ad D. Thavenet mittatur.

   Precor &c.

## NUM. V.

*Lettre de Monseig. l'Evêque de Montrèal à Monseig. Cadolini.*

Monseigneur

J'ai l'honneur d'adresser ci-inclus à Votre Eccellence un tableau des comptes rendus par Mr. l'Abbé Thavenet aux Communautés du Canada en 1834 et 1838. Il appelle le premier *Précis de ma reddition de comptes*, et le second *ma dernière analyse.* Les Communautés de Québec qui avoient cru devoir réclamer contre son *précis*, parcequ'elles y trouvoient des erreurs qui compromettoient gravement leurs intérets, acceptent sans restriction sa *dernière Analyse*, dans la quelle il fait un partage qui ne ressemble pas à celui de son *précis*, et elles le conjurent de vouloir en finir avec elles.

Ce Monsieur refuse de le faire jusqu'à ce que ces Communautés lui aient envoyé une Attestation par la quelle elles reconnoissent qu'elles ont cru trouver des erreurs dans son *Précis*, maisque réellement il n'y en a pas, ou que s'il y en a, elles lui fassent voir en quoi elles consistent, et qu'alors il les corrigera; mais qu'elles doivent se rétracter de ce qu'elles ont dit contre lui, s'il ne s'en trouve aucune dans ce *Précis*. Les membres du Comité chargés de reviser ces comptes prétendent que la seule inspection du *Précis* et de l'*Analyse* sus-mentionnés suffit pour prouver *qu'il y a eû de nombreuses erreurs dans le Précis*, et qu'elles ne peuvent en consequence déclarer maintenant qu'il n'y en a point. Elles sollicitent de puis long-temps ce Monsieur de rendre compte de ce qu'il a encore en mains, et de terminer des affaires qui intéressent gravement tous les établissemens religieux du Canada. Si Votre Excellence désire de plus amples renseignemens avec des preuves à l'appui de ces allégnés, je suis prêt à les lui trasmettre. J'ai communiqué la présente à Mr. l'Abbé Thavenet, afin qu'il puisse donner ses raisons, et montrer que son *Analyse* ne contredit pas son *Précis*; et qu'ainsi il n'y a pas

48
eû erreur dans ses comptes. Nous avont tous une ferme confiance que le zèle de Votre Excellence et la sagesse de la Sacrée Congrégation mettront bientôt fin à des discussions qui ont déja produit de funestes conséquences, et qui en auroient de plus graves encore par la suite, si elles étoient plus long-temps prolongées.

J'ai l'honneur d'être &c.

Rome le 5 Juillet 1841.

## NUM. VI.

*Dernière Analyse de ma reddition de comptes.*

### AVERTISSEMENT.

Dans cette analyse j'ai fait un changement, dont il faut que je rende raison.

En 1827 j'ai terminé à Londres l'affaire des réclamations. Je comptais terminer en 1828 ma reddition de comptes, et les comptes, particuliers des tous les établissemens; mais je n'ai jamais pu amener les établissemens de Québec à terminer les leurs. Après les avoir instamment pressés pendant plusieurs années, je me suis déterminé en 1832 à leur envoyer ma reddition de comptes, quoique je n'ausse pas encore fait *d'une maniere définitive* le partage de *tous* les fonds.

J'avais bien partagé définitivement les fonds de la liquidation entre les réclamations de 1815 et celles de 1823, et les fonds de ces réclamations entre les différens établissemens, dont j'avais réclamé les rentes; et le partage en était, *et en est*, *définitif et irréductible*, parceque les bases en sont fixes et immuables. J'avais bien partagé aussi les fonds qui étaient en dépôt dans les Caisses, et ceux qui étaient engagés dans la faillite, et il fallait bien que je les partageasse aussi; puisque je voulais envoyer en Canada ma reddition de comptes, et que je ne pouvais pas l'envoyer incomplète; mais le partage, que j'en avais fait, n'etait pas définitif, et ne pouvait pas l'être, parceque il devait y avoir plus ou moins de fonds dans les Caisses, selon qu'il y en aurait moins ou plus dans la faillite, et que je ne pouvais pas savoir combien il y en aurait, étant incertain si tous les établissemens consentiraient à prendre sur leur compte les fonds engagés dans la faillite, ou s'ils voudraient qu'ils restassent sur le compte de ceux qui les y avaient engagés. Dans cette incertitude j'ai pris le parti de supposer engagés dans la faillite les fonds, que j'avais déposés, chez les banquiers qui ont fait faillite; et au moyen de cette supposition, j'ai pu faire, et j'ai fait *provisoirement* le partage, tel qu'on le voit dans ma reddition de comptes , *sauf* à attendre , ce qu'en diraient mes commetans , et à le faire , comme j'en avais d'abordeu la pensée , au prorata de la part qu'ils avaient dans la liquidation des rentes , que j'avais réclamées pour eux ; et , lorsque j'ai pu interpréter ainsi leur intention je l'aurais fait de cette manière dans la reddition de comptes que je leur ai envoyée en 1834 , si leur procurer ne m'avait pas menacé de me pour suivre en justice pour ma reddition de comptes ; mais je ne l'ai pas fait de peur qu'il ne m'accusât devant les tribunaux de l'avoir falsifiée.

Mais lorsque Mr. Holmes a réglé avec moi les comptes du Séminaire de Québec, trouvant en lui un homme plein de droiture, je lui ai fait part de mon idée touchant le partage des fonds engagés dans la faillite. Il l'a approuvée, et je l'ai mise à execution : je les ai partagés entre tous les établissemens au prorata de leur part dans la liquidation des rentes , comme on le voit , dans la présente analyse.

Je suis bien sûr que ce partage sera adopté par les établissemens de Montréal , qui s'en rapportent à moi ; mais je ne le suis pas, s'il le sera par les établissemens de Québec et de Trois-Rivières , qui ne s'en rapportent pas à moi , parceque le partage a pour objet des livres sterling que j'ai changées en fr., à 25 fr. la livre, et que le Comité, que ces établissemens ont nommé pour examiner mes comptes , leur a attesté qu'en évaluant la livre sterling à 25 fr. la livre , je blesse leurs intérêts d'une manière très-grave, de sorte qu'ils m'obligeront peut être de le faire encore d'une autre manière.

N

# DERNIÈRE ANALYSE DE MA REDDITION DE COMPTE.

Le produit net des réclamations de 1815  
est de . . . . . . . . . . . fr. 1,568,458.03  
Le produit net des réclamations de 1823  
est de . . . . . . . . . . . fr. 198,054.60

Le produit net total est de . . . . fr. 1,766,512.63   dont il y a   dans la faillite   dans l'arriéré   et dans les Caisses.  
  fr. 192,544.14   5,531.74   1,568,454.75

| | | | dans la faillite | dans l'arriéré | et dans les Caisses. |
|---|---|---|---|---|---|
| Du Seminaire de Quebec . . . est de | fr. 142,911.11 | dont il y a | fr. 15,576.85 | 446.06 | 126,888.20 |
| De l'Hotel-Dieu de Q. . . . est de . | 131,220.46 | dont il y a | 14,302.60 | 409.57 | 116,508.29 |
| De l'Hopital Général de Q. . . est de . | 135,012.79 | dont il y a | 14,715.96 | 421.41 | 119,875.42 |
| De l'Hotel-Dieu de Montréal . est de . | 776,829.69 | dont il y a | 84,671.91 | 2,424.69 | 689,733.09 |
| De l'Hopital général de M. . . est de . | 162,956.31 | dont il y a | 17,761.71 | 508.63 | 144,685.97 |
| De la Congrégation de M. . . est de . | 219,527.67 | dont il y a | 23,927.80 | 685.20 | 194,914.67 |
| De l'Evéché de Quebec . . . est de . | 73,910.50 | dont il y a | 8,056. | 230.60 | 65,623.90 |
| Des Ursulines de Q. . . . . est de . | 71,521.74 | dont il y a | 7,795.63 | 223.24 | 63,502.87 |
| Des Ursulines de Trois-Rivierès . est de . | 42,179.24 | dont il y a | 4,597.41 | 131.65 | 37,450.18 |
| De la Congrégation de Montréal . est de . | 10,443.12 | dont il y a | 1,138.27 | 32.69 | 9,272.16 |

# NUM. VII.

## PARTAGE DES FONDS

*Que j'ai reçus des Commissaires Anglais pour les établissemens Catholiques du Canada.*

J'ai reçu Francs . . . . . . 1, 766, 512. 63

defalcation faite des frais de réclamation et de liquidation que j'ai évalués a 3 pour 100, de concert avec Mr. Maguire, chargé par mes Commettans de régler avec moi les Comptes que j'ai avec eux.

La plus grande partie de ces fonds est en dépôt dans les Caisses de mes Commettans, et le reste est, partie dans la faillite Morlands, et partie dans les mains de quelques particuliers, et n'est, je pense, qu'un Arriéré qui sera payé un jour.

### ARRIERE.

En 1821 j'ai payé a Mr. Méguignon pour Mr. Germain Libraire à Québec . . . . . Fr. 8458

Mr. Germain devait remettre à la Congregation de Montréal, pareille somme, pour mon compte : au lieu de remettre des francs, il n'a remis que des Livres du Canada : Savoir 8458 qui ne valent que . . . . . . 7518 78

Partant il redoit . . . Fr. 939 22    939 22

En 1821 j'ai preté à Mr. Tretsler . . Fr. 1400
Il n'a versé pour mon compte que . . 1393 45

Partant il redoit . . Fr. 6. 55    6 55

En 1821 j'ai prêté a Mr. Dorion 1,400 francs. Il me donna, par triplicata, une traite de pareille somme sur Mr. Son oncle à Québec.

J'envoyai cette traite à l'Hopital Général de Québec, mais l'Hopital Général ne la presenta pas à l'acceptation, et negligéa même de m'en accuser la recéption ; je lui ai envoyé la seconde traite, et il en fut comme de la primière je lui ai envoyé la troisième par Mr. Maguire, et j'ignore si les 1,400 sont payés    1400

à Réporter Fr.    2345 77

52

Réport . . . Fr. 2345 77

En 1824 j'ai prêté à Mr. Seguin . . Fr. 5000
Et je les lui ai prêtés à condition qu'il verserait
à l'Hopital Général de Québec pareille somme
pour mon compte, mais il n'y a versé que
5000 Livres du Canada qui ne valent que  4444 45

Partant il redoit . . Fr. 555 55    555 55

Les 6 Octobre 1821 j'ai prêté à Mons.
   Bardy . . . . . Fr. 2400
Le 9 Juillet 1822, encore . . 1500   3900

Il s'est obligé de faire verser en Cana-
da pareille somme pour mon compte
    Il n'a versé que,
A l'Hopital Géneral de Montréal . Fr. 2240
Et à l'Hopital Général de Québec. . 1481 47   3721 47

Partant il redoit . . Fr. 178 53    178 53

En Avril 1822, Mr. Larocque versa à l'Hotel-
Dieu de Montréal 4,176 Piastres, dont il lui
fut donné des traites qu'il passa, l'une à mon
ordre et les autres à l'ordre de Mr. de la Perouse.

Quand je payai Mr. De la Perouse ce banquier,
ne considérant dans la piastre que sa valeur
intrinsique, ne la porta qu'à fr. 5. 29.

Quande je réglai le Compte de Mr. Larocque
avec moi, ne me rappellant plus que Mr. De
la Perouse n'avait porté la piastre, qu'à Fr.
5,29. je la portai à fr. 5. 34, selon la valeur
qu'elle a en Canada ; et je crus avoir donné
à Mr. De la Pérouse beaucoup moins de piastres que je ne lui en avais donné : en consequence j'écrivis à Mr. Larocque qu'il m'avait
envoyé plus de piastres qu'il n'en fallait, et
que je mandais à Mme. la Supérieure de l'Hotel-Dieu de Montréal de lui rendre 156 piastres, il les lui demanda, et elle les lui rendit le 22 Mars 1823. Depuis ce tems là, en
repassant mes compte j'ai reconnu mon erreur,
et j'en ai informé Mr. Larocque.

à Réporter Fr.     3079 85

Réport Fr. 3079 85

Voici l'erreur mise en évidence
Mr. Larocque à versé à l'Hotel-Dieu
de Montréal Piastres . . 4176
L'Hotel-Dieu lui a rendu . . 156

Par conséquent ce qu'il a versé se reduit à Piastres . . . 4020

4020 Piastres font 24120 L. du Canada qui valent . . . . . . . Fr.21,440
J'ai payé pour Mr. Larocque . . Fr.21,816 75

Partant il redoit . . . Fr. 376 75    376 75

En Mars 1826 j'ai payé pour Mr. Vallée à M.
Macdonald pour la retribution de trois mes-
ses . . . . . . . Fr. 3
Le 28 Mars je lui ai prêté . . . Fr. 1,800
Le 30. encore . . . . . Fr. 200
En Juin, pour les frais d'une Caisse que je lui
ai envoyée j'ai payé à Paris . . Fr. 27 95
Et à Londres, à Mr. Sentence,
L. 6. 4. 8. qui, au change de fr. 25. 50 font Fr. 158 90
Outre cela j'ai payé à Mr. Sentence pour ports
de Lettres . . . . . . Fr. 2 85

Total . . Fr. 2,192 70

Il a versé à la Congrégation, pour mon compte, 2025 L. du Canada qui font . Fr. 1,800

Partant il redoit . . Fr. 392 70    392 70

En 1827 j'ai prêté à M. Durocher . . Fr. 1,600
Il a versé, pour mon compte à la Congrégation
de Montréal . . . . . Fr. 160

Portant il redoit . . Fr. 1,440    1440
En Janvier 1829 j'ai payé à M. M. Gaume une
traite de 150 Livres sterling donnée à Mons.
Fâbre par la Congrégation de Montréal.
Le mois suivant, ces Messieurs ayant reçu le
duplicata de cette traite me prièrent de le

à Reporter Fr.    5,289 30

O

Report  Fr.  5,289  30

leur payer , et ils creditèrent Mons. Fâbre
de  .   .   .   .   .   .   .   .   Fr. 3,780
Mr. Fâbre , au lieu de verser à la Congregation
pareille somme , pour mon compte n'y a versé que 4000 L. du Canada qui ne font que Fr. 3,555 56

Partant il redoit   .   .   Fr.   224 44   224 44

Total des fonds qu'il y a dans l'arriéré F. 5,513. 74

*Fonds qu'il y a dans la faillite.*

En Décembre 1827 , j'ai déposé chez M. M.
Morlands tout ce que j'ai reçu pour les
rentes que j'ai réclamées en 1823 : savoir
L. 8,167. 4 s. Sterling qui représentent   .   .   Fr.204,180

Je dis de cette somme de L. 8,167. 4 s. stg.
qu'elle représente celle de fr.204,180 parcequ'elle m'a été délivrée au change de
25 francs la livre.
Et en Avril 1830 j'y ai déposé un peu plus
du quart de ce que j'ai reçu pour les rentes que j'ai réclamées en 1815 : savoir
L.15,485.7 s. 5 d. Sterling qui représentent   .   .   Fr.400,000

Je dis de cette somme de L. 15,485. 7 s.
5. d. sterling qu'elle représente celle de
400,000 francs , parceque Mr. Laffitte fit
verser cette somme de Livres stg. pour celle de 400,000 fr. que je lui avais donné
ordre de faire verser en livres sterling.
Ainsi j'ai déposé chez M. M. Morlands

L.23,652. 11. 5 sterling , qui répresentent   .   .   Fr.604,180
De cette somme , quand M. M. Morlands ont
fait faillite , je n'avais plus chez eux que
L. 265, 4 s. 7 d. sterling.
Or la somme de
L.2365. 11. 5. représente celle de francs   .   604.180
Par consequent la somme de
L. 265. 4. 7. qui en fait partie représente celle de 6775. 02

Car 23,652. 11. 5 : 604,180 : : 265. 4. 7 : 6775. 02

Par consequent encore j'ai d'engagé dans la faillite la valeur de   .   .   .   .   .   .   Fr.6,775. 02

M. le Superieur du Seminaire de Québec y a engagé
L. 99,703. 2 sous, ancien cours, qui font   .   Fr. 88,624.98

Et Mme. la Supérieure de l'Hopital Général de Montréal y
a engagé de même L. 107,151. 2 sous, ancien cours,
qui font   .   .   .   .   .   .   Fr. 95,245.42

Pour les frais que la faillite a occasionnés à Londres,
j'ai payé à Mr. Delaporte, sur son mémoire, du 26
Mai 1832 au 6 Fevrier 1835,... L. 2. 6. 8 stg., et a
Mr. Raphael sur son memoire, du 26. Mars 1832 au
11 Mars 1835, L. 69. 5. 9 , en tout L. 71. 12. 5 , qui,
au change de 25. 45 font   .   .   .   Fr. 1,822.74

Je compte ici la livre sterling au change de Fr. 25. 45 ,
parceque c'est à ce change qu'elle est dans le mémoire
de Mr. Raphael.

Et moi, j'ai dépense pour les écritures, et la correspondance du 26 Mars 1832 au 1. Mai 1826.   .   Fr.   75.98

Ainsi, aujourdhui, 1. Mai 1836, les fonds qu'il y a,
à ma connaissance, dans la Faillite, se montent à Fr.192,544.14

### *Fonds qu'il y a dans les Caisses.*

Ce qu'il y a dans les Caisses se monte à Fr. 1, 568, 354. 75

### RESUME

J'ai recu pour les établissemens Catholiques du
Canada   .   .   .   .   .   .   Fr. 1, 766, 512. 63

### *De cette somme il y a*

Dans la Faillite   .   .   .   .   .   Fr.   192, 544. 14

Dans l'Arriéré   .   .   .   .   .   Fr.   65, 513. 74

et Dans les Caisses   .   .   .   .   Fr. 1, 568, 454. 75

### *Partage entre les reclamations de 1815 et celles de 1823.*

Ce partage entre les réclamations rendra plus facile à faire le partage entre les réclamans.

## *Partage des fonds qu'il y a dans la Faillite.*

Les fonds qu'il y a dans la Faillite se montent à Fr. 192, 544. 14,
et font partie de la somme de 604. 180. Fr. que j'ai déposée chez
M. M. Morlands. Cette somme de 604, 180 Fr. appartenait aux
réclamations de 1815 et de 1823: par conséquent c'est à ces réclamations qu'appartiennent les fonds qui sont dans la faillite, et
le partage doit leur en être fait à raison de la part qu'elles ont
dans les 604, 180 Fr. que j'ai déposés chez M. M. Morlands.

[illegible] [illegible]

[illegible] [illegible] [illegible]

[illegible] [illegible] [illegible]

[illegible]

Or dans ces . . . 604,180 fr. dont il y a dans la faillite . . fr.192,544.14

Les réclamations de 1815 ont 400,000 fr. par consequent elles ont dans la faillite fr.127,474.68 car 604,180 : 192,544.14 :: 400000 : 127,474.68
Et celles de 1823 y ont 204,180 fr. par consequent elles ont dans la faillite fr. 65,069.46 car 604,180 : 192,544.14 :: 204,180 : 65,069.46

*Partage des fonds qu'il y a dans l'Arriéré.*

Les fonds qu'il y a dans l'arriéré se montent à fr. 5,513.74, et font partie de la somme de fr. 1,766,512. 63 que j'ai reçue pour les réclamations de 1815, et de 1823 ; par consequent ils leur appartiennent, et le partage doit leur en être fait à raison de la part qu'elles ont dans la somme de fr. 1766,512. 63.
Or dans cette somme de fr. 1,766,512.63 dont il y a dans l'arriére . . fr. 5,513.74

Les réclamations de 1815 ont 1,568,458.03 par consequent elles ont dans l'arriéré fr. 4,895.56 car 1,766,512. 63 : 5513.74 :: 1,568,458. 03 : 4,895.56
et celles de 1823 ont 198,054.60 par consequent elles ont dans l'arriéré fr. 618,18 car 1,766,512. 63 : 5513.74 :: 198,054. 60 : 618.18

*Partage des fonds qu'il y a dans les Caisses.*

Les fonds qu'il y a dans les Caisses se montent à fr.1,568,454.75 et sont partie de la somme de fr.1,766,512. 63 que j'ai reçue pour les rentes que j'ai réclamées en 1815 et en 1823.

Dans cette somme de . . fr. 1,766,512.63

Les réclamations de 1815 ont . fr. 1,568,458.03 | Chacune de ces deux sommes est partie dans la faillite
et les réclamations de 1823 y ont fr. 198,054.60 | partie dans l'arriéré, et partie dans les Caisses.

De la somme de . . . . fr. 1,568,458.03        De la somme de . . . . . fr. 198,054.60

Il y a dans la faillite . . . fr. 127,474.68        Il y a dans la faillite . . . . . . fr. 65,069.46
et dans l'arriéré . . . . fr. 4,895.56        et dans l'arriéré . . . . . . . fr. 618.18
Par conséquent il y a dans les Caisses fr. 1,436,087.79        Par conséquent il y a dans les Caisses . . . fr. 132,366.96

P

# PARTAGE ENTRE LES RECLAMANS.

Savoir les Etablissemens dont j'ai réclamé les rentes en 1815 et en 1823

*Partage des fonds qu'ont dans la faillite les Etablissemens dont'ai réclamé les rentes en 1815.*

Les établissemens dont j'ai réclamé les rentes en 1815 : savoir le Séminaire de Québec , l'Hotel-Dieu de Québec, l'Hopital Général de Q., l'Hotel-Dieu de Montréal , l'Hopital Général de Montréal, et la Congrégation de Montréal , ont dans la faillite la somme de fr. 127,474.68.
Cette somme fait partie des 400,000 francs que j'ai déposés de leurs fonds , chez MM. Morlands ; et les 400,000 francs que j'ai déposés de leurs fonds chez MM. Morlands , font partie de la somme de fr. 1,568,458.03 , que j'ai reçue pour leurs rentes , par consequent c'est à raison de la part qu'ils ont dans cette somme de fr. 1,568,458. 03 que doit leur être partagée la somme de fr. 127,474. 68 qu'ils ont dans la faillite.

Or dans cette somme de f. 1,568,458.03 dont il y a dans la faillite     fr. 127,474.68

Le Séminaire de Québec a    fr. 142,911.11 par consequent il a dans la faillite    11,614.94 car 1,568,458.03 : 127,474.68 :: 142,911.11 : 11,614.94
l'Hotel Dieu de Québec a    131,220.46 par consequent il a dans la faillite    10,664.80 car 1,568,458.03 : 127,474.68 :: 131,220.46 : 10,664.80
l'Hopital Général de Québec a    135,012.79 par consequent il a dans la faillite    10,973.01 car 1,568,458.03 : 127,474.68 :: 135,012.79 : 10,973.01
l'Hotel Dieu de Montréal a    776,829.69 par consequent il a dans la faillite    63,135.97 car 1,568,458.03 : 127,474.68 :: 776,829.69 : 63,135.97
l'Hopital Général de Montréal a    162,956.31 par consequent Il a dans la faillite    13,244.09 car 1,568,458.03 : 127,474.68 :: 162,956.31 : 13,244.09
la Congrégation de Montréal a    219,527.67 par consequent il a dans la faillite    17,841.87 car 1,568,458.03 : 127,474.68 :: 219,527.67 : 17,841.87

*Partage des fonds qu'ont dans la faillite les Etablissemens dont j'ai reclamé les rentes en 1823.*

Les établissemens dont j'ai réclamé les rentes en 1823 : savoir l'Evêché de Québec , les Ursulines de Québec , les Ursulines de Trois Rivières , et la Congrégation de Montréal ont dans la faillite la somme de f. 65,069.46.
Cette somme fait partie de celle de 204,180 francs que j'ai reçue pour leurs rentes , et que j'ai déposée , toute entière , chez MM. Morlands ; par conséquent c'est à raison de la part qu'ils ont dans cette somme de 204,180 fr. que doit leur être partagée celle de 65,069.46 qu'ils ont dans la faillite.
Or dans cette somme de fr. 204,180.    dont il y a dans la faillite    fr. 65,069.46

l'Evêché de Québec a    fr. 76,196.40 par consequent il a dans la faillite    24,228.78 car 204.180. : 65,069.46 :: 76,196.40 : 24,282.78
les Ursulines de Québec ont    73,733.75 par consequent elles ont dans la faillite 23,497.97 car 204,180. : 65,099.46 :: 73,733.75 : 23,497.97
les Ursulines des Trois-Rivières ont 43,483.75 par consequent eiles ont dans la faillite 13,857.70 car 204,180. : 65,069.46 :: 43,483.75 : 13,857.70
et la Congregat. de Montréal a    10,766.10 par consequent elle a daus la faillite    3,431.01 car 204,180. : 65,069.46 :: 10,766.10 : 3,431.01

Q

*Partage des fonds qu'ont dans l'arriéré les Etablissemens dont j'a réclamé les rentes en 1815.*

Les établissemens dont j'ai réclamé les rentes en 1815 ont dans la faillite la somme de fr. 4,895. 56.

Cette somme fait partie de celle de francs 156,458.03 , que j'ai reçue pour leurs rentes : par consequent c'est à raison de la part qu'ils ont dans cette somme de fr. 1,568,458. 03 que doit leur être partagée la somme de fr. 4,895.56. qu'ils ont dans l'arriéré.

Or dans cette somme de f. 1,568,458.03 dont il y a dans l'arriére          fr.    4, 895.56

| | | | | |
|---|---|---|---|---|
| Le Séminaire de Québec a      fr. 142,911.11 par conséquent il a dans l'arriéré | 446.06 | car 1,568,458.03 : | 4,895.56 :: 142,911.11 : | 446.06 |
| l'Hotel Dieu de Québec a      131,220.46 par conséquent il a dans l'arriéré | 409.57 | car 1,568,458.03 : | 4,895.56 :: 131,220.46 : | 409.57 |
| l'Hopital Genéral de Québec a      135,012.79 par conséquent il a dans l'arriéré | 973.41 | car 1,568,458.03 : | 4,895.56 :: 135,012.79 : | 421.41 |
| l'Hotel Dieu de Montréal a      776,829.69 par conséquent il a dans l'arriéré | 2,424.69 | car 1,568,458.03 : | 4,895.56 :: 776,829.69 : | 2,424.69 |
| l'Hopital Genéral de Montréal a      162,956.31 par conséquent il a dans l'arriéré | 508.63 | car 1,568,458.03 : | 4,895.56 :: 162,956.31 : | 508.63 |
| la Congrégation de Montréal a      219,527.67 par conséquent il a dans l'arriéré | 685.20 | car 1,568,458.03 : | 4,895.56 :: 219,527.67 : | 685.20 |

*Partage des fonds qu'ont dans l'arriéré les Etablissemens dont j'ai reclamé les rentes en 1823.*

Les établissemens dont j'ai réclamé les rentes en 1823 : ont dans l'arriéré la somme de fr. 618. 18.

Cette somme fait partie de celle de fr. 198,054.60 que j'ai reçue pour leurs rentes , par conséquent c'est à raison de la part qu'ils ont dans cette somme de fr. 198,054. 60 qui doit leur être partagée la somme de fr. 618.18. qu'ils ont dans la faillite.

Or dans cette somme de fr. 198,054.60 dont il y a dans l'arriéré          fr.   618.18

| | | | | |
|---|---|---|---|---|
| l'Evêché de Québec a      fr. 73,910.50 par conséquent il a dans l'arriéré | 230.69 | car 198,054.60 : | 618.18 :: 72,910.50 : | 230.69 |
| les Ursulines de Québec ont      71,521.74 par conséquent elles ont dans l'arriéré | 223.24 | car 198,054.60 : | 618.18 :: 71,521.74 : | 223.24 |
| les Ursulines des Trois-Rivières ont 42,179.24 par conséquent elles ont dans l'arriéré | 131.65 | car 198,054.60 : | 618.18 :: 42,179.24 : | 131.65 |
| et la Congregat. de Montréal a      10,443.12 par conséquent ell a dans l'arriéré | 32.60 | car 198,054.60 : | 618.18 :: 10,443.12 : | 32.60 |

R

## TABLEAU SYNOPTIQUE DES PARTAGES.

*J'ai reçu pour les Etablissemens Catholiques au Canada.*

| | | | Dans la faillite | Dans l'arriéré | et dans les Caisses. |
|---|---|---|---|---|---|
| la somme de . . . | Fr. 1,766,512.63 | dont il y a | | | |
| Dans ces differentes sommes | | | Fr. 192,544. 14. | Fr. 5,513. 74. | Fr. 1,568,454. 75. |
| Les réclamations de 1815 ont | Fr. 1,568,458. 03. | dont il y a | 127,474. 68. | 4,895. 56. | 1,436,087. 79. |
| Savoir : Le Seminaire de Québec | Fr. 142,911. 11. | dont il y a Fr. | 11,614. 94. | Fr. 446. 06. | Fr. 130,850. 11. |
| L'Hotel-Dieu de Québec | 131,220. 46. | dont il y a | 10,664. 80. | 409. 57. | 120,146. 09. |
| L'Hopital Général de Québec | 135,012. 79. | dont il y a | 10,973. 01. | 421. 41. | 123,618. 37. |
| L'Hotel-Dieu de Montréal | 776,829. 69. | dont il y a | 63,135. 67. | 2,424. 69. | 711,369. 03. |
| L'Hopital Général de Montréal | 162,956. 31. | dont il y a | 13,244. 09. | 508. 63. | 149,203. 59. |
| Et la Congregation de Montréal | 219,527. 67. | dont il y a Fr. | 17,841. 87. | 685. 20. | 201,000. 60. |
| Les reclamations de 1823 ont | Fr. 198,054. 60. | dont il y a Fr. | 65,069. 46. | Fr. 618. 18. | Fr. 132,366. 96. |
| Savoir : L'Evêché de Québec | Fr. 24,282. 78. | dont il y a Fr. | 24,282. 78. | Fr. 230. 69. | Fr. 49,397. 03. |
| Les Ursulines de Québec | 71,521. 74. | dont il y a | 23,497. 97. | 223. 24. | 47,800. 53. |
| Les Ursulines de Trois-Rivières | 42,179. 24. | dont il y a | 13.857. 70. | 131. 65. | 28,189. 89. |
| Et la Congregation de Montréal | 10,443. 12. | dont il y a | 3,431. 01. | 32. 60. | 6,979. 51. |

T

*Partage des fonds qu'ont dans les Caisses s Etablissemens dont j'ai réclame les rentes en 1815.*

Les Etablissemens dont j'ai réclamé les rentes en 1815 ont dans s Caisses la somme de fr. 1,436. 087. 79.

Cette somme fait partie de celle de fr. 1,568,458.03 , que j'ai reçue pour leurs rentes : par conséquent c'est à raison de la part qu'ils ont dans cette somme de fr. 1,568, 458. 03 que doit leur être pa gée la somme de fr. 1,436, 087. 79 qu'ils ont dans les Caissés.

Or dans cette somme de fr. 1,568,458.03 dont il y a dans les Cais s     fr. 1,436,087.79

| | | | | | |
|---|---|---|---|---|---|
| Le Séminaire de Québec a | 142,911.11 | par conséquent il a dans l Caisses fr. | 130,850.11 | car 1,568,458.03 : 1,436,087.79 :: 142,911.11 : 130,850.11 |
| L'Hotel-Dieu de Québec | 131,220.46 | par conséquent il a dans l Caisses | 120,146.09 | car 1,568,458.03 : 1,436,087.79 :: 131,220.46 : 120,146.09 |
| L'Hopital Général de Q. | 135,012.79 | par conséquent il a dans l Caisses | 123,618.37 | car 1,568,458.03 : 1,436,087.79 :: 135,012.79 : 123,618.37 |
| L'Hotel-Dieu de Montréal | 776,829.69 | par conséquent il a dans l Caisses | 711,269.03 | car 1,568,458.03 : 1,436,087.79 :: 776,829.69 : 711,269.03 |
| L'Hopital Général de M. | 162,956.31 | par conséquent il a dans l Caisses | 149,203.59 | car 1,568,458.03 : 1,436,087.79 :: 162,956.31 : 149,203.59 |
| et la Congrégation de M. | 219,527.67 | par consequent elle a dans les Caisses | 201,000.60 | car 1,568,458.03 : 1,436,087.79 :: 219,527.67 : 201,000.60 |

*Partage des fonds qu'ont dans les Caisses s Etablissemens dont j'ai réclamé en 1823. les rentes.*

Les Etablissémens dont j'ai réclamé les rentes en 1823 ont dans l Caisses la somme de fr. 132,366.96.

Cette somme fait partie de celle de fr. 198,054.60 que j'ai reçue our leurs rentes : par consequent c'est à raison de la part qu'ils ont dans cette somme de fr. 198,054.60 que doit leur être partagée la somme e fr. 132,366.96. qu'ils ont dans les Caisses.

Or dans cette somme de fr. 198,054.60 dont il y a dans les Cais s     fr. 132,366.90

| | | | | | |
|---|---|---|---|---|---|
| L'Evêché de Québec a | 73,910.50 | par conséquent il a dans l Caisses | 49,397.03 | car 198,054.60 : 132,366.96 :: 73,910.50 : 49,397.03 |
| Les Ursulines de Québec | 71,521.74 | par conséquent elles ont da s les Caisses | 47,800.53 | car 198,054.60 : 132,366.96 :: 71,512.74 : 47,800.53 |
| Les Ursulines de Trois-Rivières | 42,179.24 | par conséquent elles ont da s les Caisses | 28,189.89 | car 198,054.60 : 132,366.96 :: 42,179.24 : 28,189.89 |
| Et la Congrégation de Montréal | 10,443.12 | par conséquent elle a dans les Caisses | 6,979.51 | car 198,054.60 : 132,366.96 :: 10,443.12 : 6,979.51 |

S

[illegible]

[illegible]

[illegible]

[illegible]

E. 192,386.4e

[illegible]

## NUM. VIII.

*Première lettre de l'Abbé Thavenet à Monseig. Corboli-Bussi, Consulteur de la S.C. de la Propagande.*

20 Septembre 1841

Monseigneur ,

On vous a dit que les erreurs qu'on m'a imputées n'ont élevé aucun doute sur ma probité ... jugez en , Monseigneur, par les lettres que j'ai reçues à ce sujet.

Dans une lettre que j'ai reçue de Québec , on me demande *si j'ai bien donné à mes commettans tout ce que je leur devais ex justitia.*

On m'a écrit , *au nom de mes Commettans de Québec , de mettre la main sur la conscience pour affirmer que la somme de 1,766,512.63. Fr. est bien tout ce que j'ai reçu pour leurs rentes.*

On m'a dit , dans un Post-scriptum *Si vous ne voulez pas voir votre réputation à vau-l'eau , tant en Canada qu'à Rome, finissez.*

Monsigneur le Coadjuteur de Québec m'a dit dans une lettre : *je ne doute pas qu'une discussion légale ne vous fût préjuaiciable en toutes manières.*

Mon correspondant de Londres m'a envoyé copie d'une lettres dans la quelle on lui dit que *les Directeurs du Séminaire de Québec, et le Supérieur, lui-même , disent que je suis un agent frauduleux.*

Un illustre protestant, chef de la Justice en Canada , m'a envoyé copie des lettres que lui a écrites contre moi Monseig. l'Evêque de Québec , lettres dans les quelles il lui dit *qu'il se trouve dans ma caisse un déficit que je ne pourrai jamais remplir ... que je ne suis plus qu'un procureur en faillite ... qu'il est un de ceux qui connaissent mon manque total de responsabilité .... Que je suis comptable envers mes Commettans pour des sommes considérables , que je ne rembourserai jamais .... Que je suis dans l'impossibilité de leur rendre compte des sommes que j'ai reçues pour eux ... qu'ils sont disposés à me faire bon des sommes que mon manque d'expérience en affaires , et mon imprudence leur fait perdre , que etc. etc. etc.*

Tout cela vous fait voir , Monseigneur , le besoin que j'ai de me justifier , pour mon honneur , pour l'honneur de ma famille , et celui du Séminaire de Montréal dont je suis membre , et de la compagnie de St. Sulpice , à la quelle j'appartiens.

En conséquence , Monseigneur , je persiste à demander que Monseigneur l'Evêque de Québec m'indique les erreurs qu'il a cru voir dans le précis de ma reddition de Ccmptes , ou qu'il dise

V

58

qu'il n'y en voit plus depuis les éclaireissemens que je lui ai
donnés dans ma dernière analyse.
J'ai l'honneur d'être avec respect,
    Monseigneur

Votre très-humble<br>
et très-obéissant Serviteur<br>
Thavenet.

NUM. IX.

*Seconde lettre de l'Abbé Thavenet à Monseig. Corboli.*

Couvent des SS. Apôtres 8. Avril 1842.

Monseigneur,

Lorsque Monseigneur l'Evêque de Montréal vous eut remis le mémoire de Monseig. l'Archevêque de Québec, vous me demanda-
tes le mien ; j'eus l'honneur de vous répondre que je n'en avais
point fait, parceque, ma partie adverse étant revêtue de la di-
gnité épiscopale, il me répugnait de faire connaitre les mauvais
procédés qu'il avait eus envers moi, et je me contentai de vous
faire, de voix, l'exposé de mon affaire.

Mais, quand'j'eus lu son mémoire, et la lettre qu'il avait sug-
gérée à Monseig. l'évêque de Montréal, je compris que je ne
pouvais pas me dispenser de faire mon mémoire, et je le fis.

Pendant que je le fesais, j'avois présent à l'ésprit ce que j'avais
retenu du *voto* que vous aviez eu la complaisance de me lire ; et
l'exactitute avec la quelle je racontais les faits, me rappellait les
inexactitudes qui vous sont échappées, pour vous en être rapporté à la lettre de Monseig. l'Evêque de Montréal.

Ces inexactitudes, je sentais le besoin de les rèctifier, afin que la
confiance que vous méritez ne les accreditât pas, mais je m'abstins
de le faire, pour ne pas interrompre le fil de mon mémoire; mais,
dès que j'eus fini mon mémoire, et qu'il fut imprimé, je me mis
à rectifier les inexaititudes qui pouvaient induire en erreur, comme vous y avait induit le faux rapport de Monseig. l'Evêque de
Montréal, trompé par son Archevêque.

Je me flatte, Monseigneur, que votre amour pour la vérité approu-
vera que j'aie rectifié ces inexactitudes. Voici celles qui ont le
plus besoin d'être rectifiées.

1. Le titre de votre *Voto* suppose que le différent dont il s'agit est
entre moi et les communautés du Canada.

Il est vrai Monseigneur, que Monseig. l'Evêque de Montréal le dit
dans sa lettre à Monseig. Cadolini, mais il le dit d'après Monseig.
l'Archevêque de Québec, qui voulait se servir de la bonne foi

de ce bon évêque pour tromper la S. Congrégation de la Propagande.

Le différent dont il s'agit est entre Monseig. l'Archevêque de Québec, et moi, comme le prouvent ses lettres à Son Eminence Monsieur le Cardinal Fransoni.

2. Dans le second paragraphe de votre consultation, Monseigneur, en résumant le mémoire de Monseig. l'Archevêque de Québec, vous transformez ses assertions en faits, et par cette transformation vous induisez en erreur. Vous induisez en erreur, lorsque vous dites que les Communautés religieuses du Canada envoyèrent à Rome Monsieur l'Abbé Maguire pour recevoir mes comptes, il y fut envoyé, non pas par les Communautés religieuses du Canada, mais par Monseig. l'Archevêque de Québec : il y fut envoyé, non pas pour recevoir mes comptes, mais pour solliciter la momination de Mons. Turgeon à la coadjutorie de Québec.

Comme il était envoyé pour cela à Rome, il fut chargé, de recevoir, en même tems, mes comptes; il en fut chargé non pas par toutes les communautés religieuses du Canada, comme vous le faites croire, mais seulement par celles de Québec et de Trois Rivieres.

Les communautés de Montréal ayant reçu leurs comptes depuis fort long tems, ne chargèrent point Monsieur Maguire de les reçevoir pour elles.

3. Vous induisez encore en erreur, lorsque vous dites que je presentai à Mons. Maguire le tableau de mes Comptes ... comment aurais je pu le lui présenter ; je ne le fis qu'après qu'il eut quitté Rome, et il ne lui fut présenté qu'à son arrivée à Québec.

4. Vous induisez en erreur, lorsque, fesant allusion à mes Comptes, vous dites que la mission de Mons. Maguire *tornò a vuoto*.

Vous ne pouviez rien dire, Monseigneur, de plus évidemment faux: car sa mission eut tout son effet .... Mons. Maguire régla, arrêta, approuva et signa avec moi tous les comptes qu'il était chargé de recevoir.

Il fit plus il mit au bas de chaque Compte une déclaration, qui porte qu'il a examiné le Compte, d'un bout à l'autre, article par article, qu'il a confronté chaque article avec sa pièce justificative, et qu'il a trouvé le Compte for exact, qu'il l'a approuve, sauf omission et erreur ; et qu'il l'a signé avec moi.

Quoique vous ne doutiez pas, Monseigneur, de ce que j'ai l'honneur de vous dire, je vous envoie néanmoins tous les Comptes, pour vous faire toucher la vérité au doigt; et je vous les envoie par celui là même qui a écrit sous la dictée de Mons. Maguire, tout ce que je viens de vous dire.

5. Vous dites, Monseigneur, que ce qui rendit inutile la mission de Monsieur Maguire, ce fut qu'il crut trouver de nombreuses erreurs dans le tableau de Comptes que je lui presentai.

60

Vous venez de voir Monseigneur que les Comptes que je lui présentai n'étaient point réunis en tableau, mais qu' il étaient séparés les uns des autres, et que Mons. Maguire, loin d'y trouver de mombreuses erreurs les trouva fort exacts, les approuva et les signa avec moi, et que par conséquent, Monseigneur, pour vous en être rapporté aufaux exposé de Monseigneur l'Evêque de Montreal, vous avez transformé en faits incontestables les assertions fallacieuses de Monseig. l'Archevêque de Québec.

6, Vous supposez, Monseigneur, que je ne pus pas m'accorder avec Mr. Maguire sur les Comptes que je lui rendais, vous venez devoir Monseigneur combien cela est faux; puisque j'ai signé avec lui tous les Comptes, sans en excepter un seul.

7. Vous dites Monseigneur, que je ne voulais pas continuer à rendre compte à Mr. Maguire. Vous venez de voir, Monseigneur, que j'arrêtai, que je signai avec lui tous les Comptes, qu'il avait à recevoir de moi. Quel compte pouvais je après cela, avoir à lui rendre? Aucun; mais j'avais à m'accorder avec lui sur l'évaluation des livres sterling qui m'avaient été délivrées par la Commission Anglaise; je les comptais, moi, à 25. fr. la livre, comme je les avais reçues; et Mr. Maguire voulait que je les comptasse à fr. 23. 70 $\frac{10}{27}$, comme on les compte en Cnada.

Voila ce qui nuous empêcha de terminer nos affaires, et c'est dans cette différence d'évaluation de la livre stg. que le Comité a puisé les nombreuses erreurs qu'il a trouvées dans le précis de ma redditon de Comptes, comme on le voit dans son attestation. ( n. 2. )

8. Au sujet de cet attestation, vous dites, Monseigneur, que je menaçai de citer mes Commettans en jugement de diffamation. Ah! Monseigneur, ce n'est pas à mes Commettans que je fis cette menace, c'est à ceux qui me diffamaient sous leur nom, c'est à Monseig. l'Archevêque de Québec, et à son Comité; et non pas aux Communautés religieuses, qui m'avoient écrit plusieurs fois qu'elles ne trouvaient point d'erreurs dans mes Comptes, mais qu'elles étaient obligées de s'en rapporter au Comité qui avaiı examiné mes Comptes.

9. Vous paraissez croire, Monseigneur, que je veux garder pour moi, le surcrôit de produit, parcequ'il est le fruit de mon industrie à faire valoir les fonds.

Il est vrai que Monseig. l'Archevêque de Québec me suppose cette intention, mais, Monseigneur, peut on croire que je l'aie, lorsqu'on voit que dans le Précis de ma Reddition de Comptes je fais mention du surcrôit de produit, lorsqu'on voit que j'en fais, dans ce précis, un article à part sous le litre saillant de *Surcroit de Produit*, et que dans cette article je dis expressement que j'en rendrai Compte? Oui, jen rendrai Compte et j'ai écrit plusieurs fois à mes Commettans que je leur distribuerai

le surcrôit de produit en toute équité et justice ; mais que chaque établissement n'en aura sa part que lorsqu'il aura terminé
ses Comptes avec moi ; et j'ai tenu ma parole : les Communautés dont les Comptes sont terminés, en ont reçu leur part, et
elles ont reçu de moi plus de la moitié du surcrôit de produit;
je donnerai le reste aux autres Communautés, à mesure qu'elles termineront leurs Comptes avec moi, mais elles n'en auront
rien, tant que leurs Comptes ne seront pas terminés, parceque
je prends sur le surcrôit de ce produit de quoi payer toutes les
dépenses que m'occasionne Monseig. l'Archevêque de Québec,
par les chicanes qu'il me fait depuis 1835.

Au reste je n'ai pas de quoi les payer, par moi même : car j'ai
donné tout mon patrimoine aux enfans de mon frère, mort émi-
gré en Hongrie.

A la vérité je suis membre d'un Séminaire qui est riche, mais
Monseig. l'Archevêque de Québec oserait il exiger qu'après avoir
travaillé gratuitement au recouvrement des rentes de son Evêché,
de son Séminaire, et des autres établissemens de son diocèse,
et avoir pour cela, privé de mon travail le Séminaire de Montréal, oserait-il exiger que ce Séminaire payât les dépenses,
que m'occasionne Sa Grandeur par les chicanes qu'elle me fait
sur le précis de ma reddition de Comptes. Et, si S. Grandeur
l'exigeait, croyez-vous, Monseigneur, que la Sacrée Congrégation me condamnât à les faire payer au Séminaire de Montréal.
Pour moi, Monseigneur, je ne le crois pas.

Mais, si, pour appaiser ce prélat irrité contre moi, elle me disait de le faire, je produirais des actes authentiques par les
quels mes Commettans et Monseig. l'Archevêque lui-même, m'of-
frent des honoraires, et je me prévaudrais de leurs offres, pour
payer avec le surcroît de produit les dépenses que m'occasionne,
par ses chicanes, Monseig. l'Archevêque de Québec.

10. Vous êtes d'avis Monseigneur, qu'il me soit enjoint de con-
signer à la Propagande ce qui me reste du surcroit de produit.

Je le ferais très-volontiers, Monseigneur, si c'était possible, mais
ce ne l'est pas. Ce qui m'en reste est partie à Rome, partie à
Paris, partie à Londres, partie à Québec, partie à Trois-Ri-
vieres et partie à Montréal : or je ne puis pas croire, Monseigneur, que la Sacrée Congrégation m'enjoigne de faire venire à
Rome ces différens dépôts pour les renvoyer ensuite en Canada.
Mais je puis vous assurer, Monseigneur, que tout ce que m'en-
joindra l'auguste Tribunal de la Sacrée Congrégation, je l'execu-
terai ponctuellement.

Agréez, je vous prie, Monseigneur, l'assurance des sentimens respe-
ctueux avec les quels j'ai l'honneur d'être,

    Monseigneur,

        Votre très-humble et très-obéissant Serviteur
             Thavenet.

X

## NUM. X.

*Reponse du Consulteur Corboli à la lettre de Mr. l'Abbé Thavenet du 8. Avril 1842.*

**Monsieur l'Abbé,**

Je m'empresse de repondre à la lettre que vous avez eu la bonté de me faire tenir ce matin. D'abord je vous remercie de votre délicatesse à mon égard ; puisque, pouvant faire parvenir vos reclamations sur ma consultation directement à la Sacrée Congregation, vous avez mieux aimé me donner une preuve de confiance, en les lui fesant passer par mon intermediaire. Aprés cela permettez-moi de vous dire, que je n'ai nullement prétendu établir comme des *verités* les assertions que je trouvais dans le Memoire de Monseig. de Québec. J'ai tout simplement rapporté un court resumé de ce Memoire, sans le juger ; pour montrer la maniére dont la question était posée et racontée par l'Archevêque. Ensuite j'ai dit, que (suivant mon faible jugement) tous ces antecédans n'avaient rien à faire à la question elle-même : car, en acceptant le récit de Monseig. de Québec tel qu'il est, la question se reduisait à voir si le Précis et l'Analyse se correspondaient, ou non. Et aprés avoir trové que le Précis et l'Analyse ne différaient l'un de l'autre que sur un seul point, dont vous donniez une explication suffisante, tout le discours de l'Archevêque tombait ; ensorte qu'on pouvait s'épargner la peine de l'examiner. Voila la maniére dont j'ai envisagé la chose. Par consequent je trove fort juste que vous, blessé dans votre honneur, ayez voulu refuter mot pour mot les assertions de l'Archevêque : je vous rends temoignage, que ce que vous avancez au sujet de la mission de Mr. Maguire à Rome, et de l'approbation par lui donnée aux comptes qu'il devait examiner, est parfaitement prouvé par les papiers originaux que vous m'avez envoyés voir : je prierai moi-même Monseig. Cadolini de vouloir bien faire imprimer votre lettre à la suite de la *Position* deja imprimée, afin que votre justification soit compléte. Mais aprés cela j'ose me flatter encore que ma consultation contient deja, sans autre addition, tout ce qui était necessaire pour expliquer la question (telle au moins que je la conçois) et ne contient aucune assertion fausse de ma part ; car ce que vous y trouvez à rectifier, je ne l'ai ni affirmé ni refuté ; j'ai dit tout simplement l'Archevêquu le dit ; mais, vrai ou faux, peu importe à present ; la question n'est pas là.

Enfin vous dites qu'il vous est impossible de deposer à la Propagande le *surcroît de produit.* Mais en proposant cette mesure j'ai toujours entendu que vous deposiez non pas l'argent mais les titres ; ce qui aurait peut-tre moins de difficulté. En tout cas vous pourriez en presenter les comp.es.

Je desire vivement que cette reponse puisse vous satisfaire en tout point : et je saisis cette occasion pour vous renouveler l'assurance de l'estime parfaite avec la quelle je me fais gloire d'être

        Monsieur

Votre très-humble et devoué serviteur.<br>I. Corboli Bussi.

69

Monsieur

Veuillez agréer, ... votre dévoué serviteur.

E. Godail Brésil.

# CONCLUSIONS

*De mon affaire avec Monseig. l'Archevêque de Québec.*

Depuis 1835, Monseig. l'Archevêque de Québec soutient opiniâtrement que dans le précis de ma redition de comptes il y a de nombreuses erreurs qui affectent d'une manière très-grave les intérêts de tous les établissemens dont j'ai fait les affaires ; et il refuse obstinément de me les indiquer.

Je demande qu'il me les indique, ou qu'il convienne qu'il n'y en a point.

Le comité qu'il a nommé pour examiner le précis de ma reddition de comptes, a déclaré que je devais évaluer à fr. 23. 70. c. $\frac{10}{27}$ la livre, les livres sterling que la commission anglaise m'a délivrées à fr. 25. la livre.

Je demande qu'il le prouve, ou qu'il convienne que, les livres sterling m'ayant été délivrées à fr. 25. la livre, j'ai dû les évaluer et les compter à fr. 25. la livre, comme je les ai reçues ; et que, si je ne les avaisé valuées et comptées qu'à fr. 23. 70. c. $\frac{10}{27}$ la livre, dans le compte que j'en ai rendu aux établissemens, je leur aurais donné beaucoup moins que je n'avais reçu pour eux.

Ce même comité a attesté que dans le précis de ma reddition de comptes je suppose avoir versé chez mon banquier 30,660. fr de plus que je n'y ai jamais versé.

Je demande qu'il prouve que j'ai réellement fait cette supercherie ; ou qu'il se retracte, et que Monseig. l'Archevêque désavoue son attestation.

Monseig. l'Archevêque a écrit à Mr. James Stuart, qui est chef de la justice en Canada, que je suis un procureur en faillite, et qu'il y a dans ma caisse un *deficit* que je ne remplirai jamais.

Je dimande que sa Grandeur le prouve, ou écrive à Mr. Stuart qu'elle reconnaît que je ne suis point en faillite, et qu'il n'y a point de *deficit* dans ma caisse.

Dans le mémoire que Monseig. l'Archevêque a envoyé à la S. C. de la Propagande, sa Grandeur, en parlant des sommes que j'ai touchées pour les établissemens de son diocèse, dit que le partage qoe j'en ai fait entre eux exprime ce que j'ai cru devoir allouer à chacun des établissemens : savoir, ajoute-t-elle, au Séminaire de Québec fr. 131,942. 58. et ainsi des autres établissemens, comme on le voit dans son mémoire ; mais ces sommes ne sont point celles que je leur ai allouées : les sommes que je leur ai allouées, sont fr. 145,911. 11. au Séminaire de Québec,

2

et ainsi des autres établissemens, comme on le voit dans le précis de ma reddition de comptes.

En conséquence, je demande que ces sommes qui sont les véritables sommes que j'ai allouées, Monseig. l'Archevêque les substitue à la place des fausses sommes qu'il a mises dans son mémoire.

Telles sont les demandes que le soin de ma réputation m'oblige de faire, pour l'honneur de ma famille, et pour celui de la compagnie de St. Sulpice à laquelle j'appartiens, et que deshonorent les inculpations odieuses dont me charge Monseig. l'Archevêque de Québec.

9 782013 453035